齐鲁文化经典文库

孟子译注

郑训佐 靳永 译注

山东出版集团

齊魯書社

《齐鲁文化经典文库》

出版说明

齐鲁大地是中华民族主流文化的主要发祥地,数千年来,生长在这里的齐鲁人,用自己的聪明和智慧创造了璀璨的文明。首先是在中华文化的整体框架中地位突出、做出重大贡献的先秦诸子,其中影响尤著者大部分生长于斯;其后历朝历代,几乎都有引领潮流、成就卓著的思想家、文学家、科学家等,他们为中华文化的形成和发展谱写了辉煌的篇章,同时也留下了一大批千古流传、影响深远的文化典籍。将这些记录着他们的思想、积淀着丰富厚重的文化内涵、为一代代中国人所承继的典籍系统地予以整理出版,从而进一步扩大齐鲁文化的影响,提高其在当代人中的认知度,促进中华优秀传统文化的积累、传承和弘扬,无疑具有重要的意义。鉴于此,我们向读者推出了这套"齐鲁文化经典文库"。该书的出版系由山东出版集团组织,具体工作由齐鲁书社负责实施。

通过有关专家论证,确定本"文库"的收录范围是那些由齐鲁籍人士(或有一说为齐鲁籍人士)著述的、已经独立成册、在中华历史文化典籍中堪称经典的著作;对像荀子这样原籍虽非齐鲁,但其主要政治生活是在齐鲁地域、其形成影响的思想和主要著述也产生在这里的个别作家,其经典著作也酌情收录。

收录的作品均采用现代标点本,除小说、戏曲之外,其余作品尽可能加以注释,而对先秦典籍则多数予以今译,以便于读者的阅读和理解。所收部分校注本因问世较早，其中难免存有时代的痕迹，诸如高亨先生的《周易大传今注》，陆侃如、牟世金先生的《文心雕龙译注》等，但这些著作是世人公认的具有权威性的注本，仍需得到我们的尊重。

对经典著述的整理出版绝非一日之功，因此，本“文库”在最初集中推出一批后，未出品种将陆续整理出版，谨此说明。

齐鲁书社

2009 年 3 月

前言

孟子，名轲，字子舆，战国邹（今山东省邹县东南）人，是鲁国贵族孟孙氏的后裔。约生于公元前372年，卒于公元前289年。幼年丧父，受到贤母严格的教育，曾三迁于学宫旁，习俎豆之事。后受业于子思门人，是孔子的四传弟子。他一生曾先后周游齐、梁、宋、滕、鲁、魏等国，一度任齐宣王客卿，但因为当时“天下方务于合纵连衡，以攻伐为贤，而孟轲乃述唐、虞三代之德，是以所如者不合”（《史记·孟子荀卿列传》），所以他的主张并没有见用。晚年退居邹国，同他的学生万章等一起致力于著书立说，最终成为儒家学派中思（子思）孟（孟轲）学派的主要代表、唯一可以与孔子并称的儒学大师。宋元丰间封邹国公，配享孔子庙庭。元至顺间加封为邹国亚圣公，明嘉靖改称亚圣孟子，地位愈加显赫，对后代产生过极大的影响。

孟子的主张可以概括为如下几方面：

他提出了“民贵君轻”的主张。他说：“民为贵，社稷次之，君为轻。是故得乎丘民而为天子”，又说：“得天下有道：得其民，斯得天下矣。得其民有道：得其心，斯得民矣。”他的这些话自然是针对当时强取豪夺、民生艰难的社会境况而言的，其目的是为了劝告当政者要重视人民的力量、人民的意志。所以，他主张“法先王”、“行仁政”，恢复井田制，省刑薄赋，为民制产，实现他“颁白者不负戴于道路”，“七十者衣帛食肉，黎民不饥不寒”的社会理想。

正是基于这种看法，他又提出了君臣关系的新认识，他说：“君之视臣如手足，则臣视君如腹心；君之视臣如犬马，则臣视君如国人；君之视臣如土芥，则臣视君如寇雠。”他甚至认定，残暴的君王是“独夫”，就应该起来推翻他的统治。这自然与后世一些士大夫所奉行和提倡的“君要臣死，不得不死”的愚忠不能同日而语了。

也正是出于仁政保民的思想，孟子坚决反对不义之战，他说：“争地以战，杀人盈野；争城以战，杀人盈城。此所谓率土地而食人肉，罪不容于死。故善战者服上刑，连诸侯者次之，辟草莱、任土地者次之。”

孟子对“天命”也别有会心。他引证前人的话说：“天视自我民视，天听自我民听。”这是说，民众的意志就是“天”的意志。这样便化腐朽为神奇，使传统的宗教意义上的“天”，转而与他的民本思想相和谐了。

孟子又是一位“性善论”者，他提出所谓“不虑而知”的“良知”和“不学而能”的“良能”，认为不管是君王还是民众，圣人还是小人，在他们的天性中都存在着四种“善端”，即“恻隐之心”、“羞耻之心”、“恭敬之心”、“是非之心”，并且由此又可以发展成为“仁义礼智”四德。因此，每一个人都可以根据自己的“善端”进行人格上的自我完善，成为尧、舜那样的圣人。但他同时也重视教育的作用，认为“逸居而无教，则近于禽兽”，教育人们要清心寡欲，注意存心养性；行有不得，“反求诸己”。培养“浩然之气”，做到“富贵不能淫，贫贱不能移，威武不能屈”。

关于《孟子》这部著作，一般认为是出于孟子及其弟子万章等人之手，大体上符合《史记・孟子荀卿列传》“退而与万章之徒序《诗》《书》，述仲尼之意，作《孟子》七篇”的说法。但也有些学者认为是孟子弟子、再传弟子们的记录。

我们现在见到的《孟子》共七篇，与《史记》所说一致。但《汉书・艺文志》却说有十一篇，应劭的《风俗通》也有这样的记载，多出来的四篇就是所谓的《孟子外书》。但赵岐认为是伪作，不为之作注，所以到南宋就已失传。明代末年，姚士粦声称在济南重获《孟子外书》，实是“伪中之伪”，尤不可信。

在封建社会的很长一段时期内，《孟子》堪称显学，但也经历了一个逐渐繁华、最终达到极盛的发展过程。在“独尊儒术”的汉代，人们还是把主要的目光投向了儒学的开创者孔子。唐代宝应二年（763 年）礼部侍郎杨绾上疏请求将“《论语》、《孝经》、《孟子》兼为一经”；此后韩愈推波助澜，扬孟抑荀，孟子作为封建时代真正的道统的承担者的地位才逐渐突出。到了宋代，朱熹把《孟子》和《论语》以及《礼记》中的《大学》、《中庸》合编成“四书”，并穷毕生之力作《四书集注》，使之成为官方钦定的经典。此后，孟子便成了仅次于孔子的精神偶像。明清之际，读经之风更盛，《孟子》以及“四书”中的其他经典，不但是士子安身立命的准则，而且还被官方列为科举考试的主要依据。这种现象一直到新文化运动兴起才告结束。

《孟子》与《论语》体裁相似，但风格则大不相同。《孟子》虽然也有记录片言单辞的短章，但更多的是长篇大论。它笔力犀利，气势恢宏，说理雄辩，文采飞扬，反映了诸子散文在当时的长足进步。所以，《孟子》不但是研究孟子生平和思想的主要资料，同时在我国文学史上也有着重要的地位。

汉代是章句之学盛行的时代，对《孟子》一书的阐释也发轫于这一时期。据史籍记载，当时的大儒程曾、赵岐、高诱、郑玄、刘熙等人都曾研究过《孟子》。但除了赵岐的《孟子题辞》流传下来，其余皆已亡佚。宋代朱熹的《孟子集注》是继赵岐之后公认的权威性著作。清代朴学鼎盛，著述繁多，其中以焦循的《孟子正义》最为出色。今人杨伯峻先生综合前人成果，著《孟子译注》一书，是一部雅俗共赏的力作。

本书原文悉依杨伯峻先生的《孟子译注》，释义也多有参照；我们的老师徐超先生在百忙中抽暇审定全稿。在此一并致以谢忱。本书译文部分曾列入山东友谊出版社“儒学经典译丛”，于 1993 年 12 月出版。今又列入齐鲁书社“齐鲁文化经典文库”再版，并根据丛书在体例上的统一要求，增加了注释，对原版的部分语句也作了修订。特此说明。

郑训佐　靳　永

2008 年 11 月于济南

目录

前言 ………………………………………………………………………… 1

卷一　梁惠王章句上 ………………………………………………………… 1
卷二　梁惠王章句下 ………………………………………………………… 19
卷三　公孙丑章句上 ………………………………………………………… 41
卷四　公孙丑章句下 ………………………………………………………… 59
卷五　滕文公章句上 ………………………………………………………… 77
卷六　滕文公章句下 ………………………………………………………… 94
卷七　离娄章句上 …………………………………………………………… 112
卷八　离娄章句下 …………………………………………………………… 130
卷九　万章章句上 …………………………………………………………… 148
卷十　万章章句下 …………………………………………………………… 166
卷十一　告子章句上 ………………………………………………………… 183
卷十二　告子章句下 ………………………………………………………… 201
卷十三　尽心章句上 ………………………………………………………… 220
卷十四　尽心章句下 ………………………………………………………… 240

卷一　梁惠王章句上

凡七章

［原文］

1·1　孟子见梁惠王①。王曰："叟②！不远千里而来，亦将有以利吾国乎？"

孟子对曰："王！何必曰利？亦有仁义而已矣。王曰：'何以利吾国？'大夫曰：'何以利吾家？'士庶人③曰：'何以利吾身？'上下交征利④而国危矣。万乘⑤之国，弑⑥其君者，必千乘之家；千乘之国，弑其君者，必百乘之家。万取千焉，千取百焉，不为不多矣。苟⑦为后义而先利，不夺不餍⑧。未有仁而遗其亲者也，未有义而后其君者也。王亦曰仁义而已矣，何必曰利？"

［注释］

① 梁惠王：就是魏惠王。因为他做魏王的时候，魏国的都城迁到大梁，所以又叫梁惠王。　② 叟：老丈。　③ 士庶人：士人和老百姓。　④ 征利：谋取利益。　⑤ 乘：一辆兵车叫一乘。这是战国时期估量一个诸侯国实力的重要标准。　⑥ 弑：以贱位谋害尊长叫"弑"。　⑦ 苟：假设。　⑧ 餍：本义是吃饱，引申为满足。

［译文］

孟子谒见梁惠王。惠王说："老先生不远千里而来，那一定会给我的国家带来什么利益吧？"

孟子答道："大王，为什么要言必称利呢？只要讲仁义就足够了。如果大王说'什么对我的国家有利？'大夫说'什么对我的封地有利？'那么士子和老百姓则会说'怎样才有利于我自己呢？'这样便自上而下互相追逐私利，国家就会发生危险了。拥有万辆兵车的国家，杀死他们国君的，一定是拥有千辆兵车的大夫；拥有千辆兵车的国家，杀死他们国君的，一定是拥有百辆兵车的大夫。在一万辆兵车中拥有一千辆，在一千辆兵车中拥有一百辆，这不能说不多了。如果他们都轻义而重利，那么不把国君的权利全部夺去是不会满足的。从没有讲究仁爱却遗弃他父母的，也没有追求道义而怠慢自己国君的。大王只要讲仁义就可以了，为什么要言必称利呢？”

［原文］

1·2 孟子见梁惠王。王立于沼上，顾①鸿雁麋鹿，曰：“贤者亦乐此乎？”

孟子对曰：“贤者而后乐此，不贤者虽有此，不乐也。《诗》云：‘经始灵台，经之营之，庶民攻②之，不日成之。经始勿亟③，庶民子来。王在灵囿，麀鹿攸伏④，麀鹿濯濯⑤，白鸟鹤鹤⑥。王在灵沼，于牣⑦鱼跃。’文王以民力为台为沼，而民欢乐之，谓其台曰灵台，谓其沼曰灵沼，乐其有麋鹿鱼鳖。古之人与民偕乐，故能乐也。《汤誓》⑧曰：‘时日害丧⑨，予及女⑩偕亡。’民欲与之偕亡，虽有台池鸟兽，岂能独乐哉？”

［注释］

① 顾：回头看。 ② 攻：攻治。 ③ 亟：急。 ④ 麀鹿攸伏：麀鹿就是母鹿。“攸”的用法和“所”相同。 ⑤ 濯濯：丰肥而有光泽的样子。 ⑥ 鹤鹤：就是“翯翯”，羽毛洁白的样子。 ⑦ 于牣：“于”是助词，起补足音节的作用，没有实在意义。“牣”是充满的意思。 ⑧《汤誓》：是《尚书》中的一篇，记载商汤伐夏桀时的誓师之词。 ⑨ 时日害丧：时，这。害，通“曷”。 ⑩ 女：通“汝”。

［译文］

孟子谒见梁惠王。惠王正站在池塘边，一面左顾右盼地欣赏着鸿雁麋鹿，一面对孟子说道："德行高尚的人也享受这些乐趣吗？"

孟子回答说："只有先成为德行高尚的人，然后才能享受这种乐趣。没有德行的人即使拥有这些也是无法享受其中快乐的。《诗经》上说：'文王开始筑灵台，精心营造巧安排。百姓踊跃齐努力，灵台落成进度快。文王告诫事可缓，百姓纷纷携子来。文王来到鹿苑中，母鹿安卧意从容。母鹿肥壮毛如油，白鸟洁净羽毛丰。文王驾临灵沼上，鱼儿泼剌碧池中。'虽然周文王动用民力建筑高台深池，但老百姓却非常乐意，称之为'灵台'、'灵沼'，还为他拥有那么多的麋鹿鱼鳖而高兴。只因为古代的贤人能够与民同乐，所以他才能享受到真正的快乐。《汤誓》中说：'这罪恶的太阳，你什么时候才能消亡？我宁肯与你同归于尽。'作为一国之主，老百姓居然要与他一道去死，那么纵然他拥有高台深池、奇禽异兽，难道能够独自享受到其中乐趣吗？"

[原文]

1·3　梁惠王曰："寡人之于国也，尽心焉耳矣。河内凶，则移其民于河东，移其粟于河内。河东凶亦然。察邻国之政，无如寡人之用心者。邻国之民不加少，寡人之民不加多①，何也？"

孟子对曰："王好战，请以战喻。填然②鼓之，兵刃既接，弃甲曳兵而走③。或④百步而后止，或五十步而后止。以五十步笑百步，则何如？"

曰："不可，直⑤不百步耳，是亦走也。"

曰："王如知此，则无望民之多于邻国也。不违农时，谷不可胜食也；数罟⑥不入洿池⑦，鱼鳖不可胜食也；斧斤以时入山林，材木不可胜用也。谷与鱼鳖不可胜食，材木不可胜用，是使民养生丧死无憾也。养生丧死无憾，王道之始也。五亩之宅，树[8]之以桑，五十者可以衣[9]帛矣。鸡豚狗彘之畜，无失其时，七十者可以食肉矣。百亩之田，勿夺其时，数口之家可以无饥矣。谨庠序[10]之教，申之以孝悌[11]之义，颁白[12]者不负戴于道路矣。七十者衣帛食肉，黎民不饥不寒，然而不王[13]者，未之有也。狗彘食人食而不知检，途有饿莩[14]而不知发[15]；人死则曰：'非我也，岁也。'是何异于刺人而杀之，曰：'非我也，兵[16]也。'王无罪岁[17]，斯天下之民至焉。"

［注释］

① 加多：增加。 ② 填然：形容击鼓之声。 ③ 走：这里是逃跑的意思。 ④ 或：有的人。 ⑤ 直：只。 ⑥ 数罟：细密的渔网。 ⑦ 洿池：大的池塘。 ⑧ 树：种树。 ⑨ 衣：这里作动词，穿著。 ⑩ 庠序：古代的地方学校。 ⑪ 孝悌：孝是孝敬父母，悌是尊重兄长。 ⑫ 颁白：就是"斑白"。 ⑬ 王：称王。 ⑭ 莩：饿死的人。 ⑮ 发：开仓放粮。 ⑯ 兵：兵器。 ⑰ 罪岁：责怪年成。

［译文］

梁惠王对孟子说："我对于国家真是竭尽心力了。如果河内发生饥荒，我就把那里的灾民迁移到河东，同时还把河东的粮食调拨到河内。河东如发生饥荒，也照此办理。我曾考察了邻国的政事，没有一个像我这样尽心尽力的。可是，他们的百姓并没有因此而减少，我的百姓也没有因此而增多，这是什么缘故呢？"

孟子答道："大王好战，那么就用战争打个比方吧！战鼓咚咚一响，枪尖刀锋相接，打了败仗的丢盔弃甲，拖着兵器，狼狈而逃。有的跑了百步才停下来，有的逃五十步就住了脚。如果后者因自己只逃了五十步而去耻笑那些逃了百步的，大王，您觉得怎么样？”

梁惠王说：“这不可取。他只不过是没有后退百步罢了，但同样是逃跑。”

孟子接着说：“大王如果懂得这个道理，那么就别指望您的百姓比邻国增多了。

“如果不在耕种收获的季节去骚扰老百姓，那么粮食就会吃不完；如果不用过于细密的渔网在池塘里捕鱼，那么鱼类也会吃不完；如果按照一定的季节砍伐树木，木材也取之不尽。粮食和鱼类吃不完，木材取之不尽，这样便能使老百姓不会对生养死葬感到不满。对生养死葬满意，这就是王道的开端。

“在五亩大的宅园中种植桑树，五十岁以上的人就可以穿丝绵袄了；不要错过鸡和猪狗之类家畜的喂养和繁殖的时机，七十岁以上的老者就能常常吃到肉食了；每户的百亩耕地，在生产季节没有妨碍，数口之家就不会忍饥挨饿了；认真办好学校，并反复阐述孝敬父母、尊重兄长的道理，那么，（人人都会敬老爱贤，）须发花白的老人也就不会肩担背扛地行走在道路上了。七十岁以上的老者穿着丝绵袄、常吃肉食，一般百姓也不缺衣少食，这样做还不能受到天下的拥戴，是从来没有的。

“（可是，现在的情形却不是如此。）富贵之家的猪狗吃掉了百姓的粮食却没有人加以阻止；道路上有饿死的人，却想不到开仓赈济。老百姓死了，却说：‘这不是我的罪过，而是年荒歉收的缘故。’这和拿着刀子把人杀死，却说什么‘这是兵器杀的，不是我的罪过’又有什么不同？只要大王敢于承担责任而不归罪于年成，普天下的老百姓都会投奔到您的麾下。”

［原文］

1·4　梁惠王曰：“寡人①愿安②承教。”

孟子对曰：“杀人以梃③与刃，有以异乎？”

曰:“无以异也。”

“以刃与政,有以异乎?”

曰:“无以异也。”

曰:“庖有肥肉,厩有肥马,民有饥色,野有饿莩,此率兽而食人也。兽相食,且人恶之;为民父母,行政,不免于率兽而食人,恶[4]在其为民父母也?仲尼[5]曰:‘始作俑[6]者,其无后乎!’为其象人而用之也。如之何其使斯民饥而死也?”

[注释]

① 寡人:寡德之人,这是诸侯王的自谦之称。 ② 安:乐意。 ③ 梃:木棒。 ④ 恶:为什么。 ⑤ 仲尼:孔子的字。 ⑥ 俑:殉葬用的土偶或木偶。

[译文]

梁惠王对孟子说:“我很乐意听从您的教导。”

孟子答道:“用棍棒打死人和用刀子杀死人,有什么不同?”

梁惠王说:“没有什么差别。”

孟子又说:“用刀子杀死人和用政治手腕陷害人有什么不同?”

梁惠王答道:“也没有什么区别。”

孟子说:“现在,您的厨房里有肥美的肉食,马厩中畜养着健壮的骏马,而国中的老百姓却面有菜色,野外躺着饿死者的尸体,这简直是率领野兽去吃人啊!兽类自相残杀,人们尚且厌恶;而那些百姓的父母官,主持政事时,却做出了如同率领野兽去吃人的事情,那么称他们为百姓父母官的意义又在哪里呢?孔子说过:‘第一个制作殉葬用的木偶和土偶的人,该没有后代吧!’(孔子为什么对这种人深恶痛绝呢?)就是因为木偶和土偶以人为楷范,却用于殉葬。(既然用木偶、土偶殉葬尚且不可，）那么，又怎么能使百姓活活饿死呢？”

［原文］

1·5　梁惠王曰：“晋国①，天下莫强焉，叟之所知也。及寡人之身，东败于齐，长子死焉②；西丧地于秦七百里③；南辱于楚④。寡人耻之，愿比⑤死者壹⑥洒⑦之，如之何则可？”

孟子对曰：“地方⑧百里而可以王。王如施仁政于民，省刑罚，薄税敛，深耕易耨⑨，壮者以暇日修其孝悌忠信，入以事其父兄，出以事其长上，可使制梃以挞秦、楚之坚甲利兵矣。彼⑩夺其民时，使不得耕耨以养其父母。父母冻饿，兄弟妻子离散。彼陷溺其民，王往而征之，夫谁与王敌？故曰：‘仁者无敌。’王请勿疑！”

［注释］

①晋国：韩、赵、魏三个诸侯国都是从晋国分出的，所以也常常自称为晋国。　②东败于齐，长子死焉：魏伐韩时，韩向齐求救。齐派田忌、孙膑救援。在马陵之战中，魏中计而大败，太子申被俘。　③西丧地于秦七百里：秦国屡次攻打魏国，迫使魏国割地求和。　④南辱于楚：南方的楚国也派兵攻打魏国，取得不少魏国的城邑。　⑤比：替。　⑥壹：全部。古代“一”和“壹”的用法不同。　⑦洒：洗。　⑧方：方圆。　⑨易耨：快速地锄草。　⑩彼：指秦国和楚国。

［译文］

梁惠王对孟子说：“魏国的强大，当时天下是没有能够与之匹敌的，这一点，您老人家非常清楚。但到了我继承王位，在东方为齐国所败，还痛失了我的长子；在西边则被秦国所制，丧失了河西之地七百里；在南面又受到了楚国的胁迫，丢掉了八个城池。我为此感到耻辱，希望为阵亡将士报仇雪恨，您认为应该怎么办？”

孟子答道:“一个国家即使方圆只有百里,照样能使天下归服,(何况魏国这样的大国呢?)大王如果对老百姓施行仁政,减免刑罚,放宽赋税,让他们深耕细作,速除秽草;再利用农闲时间,教育年轻人孝顺父母、尊敬兄长、为人竭尽忠信,并用这些道德标准在家侍奉父兄,出外尊重上级。如果这样,即使手持木棍也可以打击披坚执锐的秦、楚军队。

“(这是什么缘故呢?)因为秦楚两国(穷兵黩武,)剥夺了老百姓的耕种时间,使他们不能从事生产以养活自己的父母,以至双亲饥寒交迫,兄弟妻子流离失散。秦国和楚国的统治者使他们的百姓陷于水深火热之中,如大王乘机讨伐他们,那么会有谁来抵抗呢?所以说:‘施行仁政的人是无敌于天下的。’对于这一点,大王您就不要有什么疑虑了。”

[原文]

1·6 孟子见梁襄王[①],出,语人曰:“望之不似人君,就之而不见所畏焉。卒然[②]问曰:‘天下恶乎定?’

“吾对曰:‘定于一。’

“‘孰能一之?’

“对曰:‘不嗜杀人者能一之。’

“‘孰能与[③]之?’

“对曰:‘天下莫不与也。王知夫苗乎?七八月之间旱,则苗槁矣。天油然作云,沛然下雨,则苗浡然兴之矣。其如是,孰能御之?今夫天下之人牧[④],未有不嗜杀人者也。如有不嗜杀人者,则天下之民皆引领[⑤]而望之矣。诚如是也,民归之,由[⑥]水之就下,沛然谁能御之?’”

[注释]

① 梁襄王:梁惠王的儿子。 ② 卒然:猝然。 ③ 与:参加。

④ 人牧：统治人民的人，指国君。　⑤ 引领：伸长脖颈。　⑥ 由：通“犹”。

［译文］

孟子谒见了梁襄王，出来之后告诉别人说：“梁王这个人，远远看去不像个国君，走近他也感不到什么威严。他突然问我：‘天下怎样才能安定？’

“我回答说：‘天下归于一统才能安定。’

“他又问：‘谁可以统一天下呢？’

“我答道：‘不嗜好杀人的人能够做到。’

“他接着问：‘那么谁能归附他呢？’

“我回答说：‘天下的人没有不归附他的。您懂得禾苗的生长规律吗？时当七、八月间，如长期干旱，禾苗就会枯槁。一旦天上乌云翻腾，哗啦啦下起大雨，禾苗就茁壮成长。像这样，谁能阻挡它呢？如今世上那些国君，没有不嗜好杀人的。如果有一位国君爱护生灵，那么天下的老百姓都会伸长脖子，期待他解救自己。真是这样的话，百姓便会归附他，就像水向低处流淌，谁又能阻挡得了呢？’”

［原文］

1·7　齐宣王[①]问曰：“齐桓、晋文之事[②]，可得闻乎？”

孟子对曰：“仲尼之徒无道桓文之事者，是以后世无传焉，臣未之闻也。无以[③]，则王[④]乎？”

曰：“德何如则可以王矣？”

曰：“保民而王，莫之能御也。”

曰：“若寡人者，可以保民乎哉？”

曰：“可。”

曰：“何由知吾可也？”

曰："臣闻之胡龁曰，王坐于堂上，有牵牛而过堂下者，王见之，曰：'牛何之[5]？'对曰：'将以衅钟[6]。'王曰：'舍之！吾不忍其觳觫[7]，若无罪而就死地。'对曰：'然则废衅钟与[8]？'曰：'何可废也？以羊易之！'——不识有诸[9]？"

曰："有之。"

曰："是心足以王矣。百姓皆以王为爱[10]也，臣固知王之不忍也。"

王曰："然。诚有百姓者。齐国虽褊小，吾何爱一牛？即不忍其觳觫，若无罪而就死地，故以羊易之也。"

曰："王无异[11]于百姓之以王为爱也。以小易大，彼恶知之？王若隐[12]其无罪而就死地，则牛羊何择焉？"

王笑曰："是诚何心哉？我非爱其财而易之以羊也。宜乎百姓之谓我爱也。"

曰："无伤也，是乃仁术也，见牛未见羊也。君子之于禽兽也，见其生，不忍见其死；闻其声，不忍食其肉。是以君子远庖厨也。"

王说[13]曰："《诗》云：'他人有心，予忖度之。'夫子之谓也。夫我乃行之，反而求之，不得吾心。夫子言之，于我心有戚戚焉。此心之所以合于王者，何也？"

曰："有复于王者曰：'吾力足以举百钧[14]，而不足以举一羽；明足以察秋毫[15]之末，而不见舆薪[16]。'则王许之乎？"

曰:“否。”

“今恩足以及禽兽,而功不至于百姓者,独何与?然则一羽之不举,为不用力焉;舆薪之不见,为不用明焉;百姓之不见保,为不用恩焉。故王之不王,不为也,非不能也。”

曰:“不为者与不能者之形何以异?”

曰:“挟太山以超北海,语人曰:‘我不能。’是诚不能也。为长者折枝[17],语人曰:‘我不能。’是不为也,非不能也。故王之不王,非挟太山以超北海之类也;王之不王,是折枝之类也。老[18]吾老,以及人之老;幼[19]吾幼,以及人之幼。天下可运于掌。《诗》云:‘刑[20]于寡妻,至于兄弟,以御于家邦。’言举斯心加诸彼而已。故推恩足以保四海,不推恩无以保妻子。古之人所以大过人者,无他焉,善推其所为而已矣。今恩足以及禽兽,而功不至于百姓者,独何与?权[21],然后知轻重;度[22],然后知长短。物皆然,心为甚。王请度之!抑王兴甲兵,危士臣,构怨于诸侯,然后快于心与?”

王曰:“否。吾何快于是?将以求吾所大欲也。”

曰:“王之所大欲,可得闻与?”

王笑而不言。

曰:“为肥甘不足于口与?轻暖不足于体与?抑为采色不足视于目与?声音不足听于耳与?便嬖[23]不足使令于前与?王之诸臣皆足以供之,而王岂为是哉?”

曰:“否。吾不为是也。”

曰:“然则王之所大欲可知已。欲辟土地,朝[24]秦、楚,莅中国而抚四夷也。以若[25]所为求若所欲,犹缘木而求鱼也。”

王曰:“若是其甚与?”

曰:“殆[26]有甚焉。缘木求鱼,虽不得鱼,无后灾。以若所为,求若所欲,尽心力而为之,后必有灾。”

曰:“可得闻与?”

曰:“邹人与楚人战,则王以为孰胜?”

曰:“楚人胜。”

曰:“然则小固不可以敌大,寡固不可以敌众,弱固不可以敌强。海内之地,方千里者九,齐集有其一。以一服八,何以异于邹敌楚哉?盖亦反其本矣。今王发政施仁,使天下仕者皆欲立于王之朝,耕者皆欲耕于王之野,商贾皆欲藏于王之市,行旅皆欲出于王之途,天下之欲疾[27]其君者,皆欲赴愬[28]于王。其若是,孰能御之?”

王曰:“吾惛,不能进于是矣。愿夫子辅吾志,明以教我。我虽不敏,请尝试之。”

曰:“无恒产而有恒心者,惟士为能。若民,则无恒产,因无恒心。苟无恒心,放辟邪侈,无不为已。及陷于罪,然后从而刑之,是罔民[29]也。焉有仁人在位罔民而可为也?是故明君制民之产,必使仰足以事父母,俯足以畜[30]妻子,乐岁终身饱,凶年免于死亡。然后驱而之[31]善,故民之从之也轻[32]。

今也制民之产，仰不足以事父母，俯不足以畜妻子；乐岁终身苦，凶年不免于死亡。此惟救死而恐不赡，奚暇治礼义哉？王欲行之，则盍[33]反其本矣！五亩之宅，树之以桑，五十者可以衣帛矣。鸡豚狗彘之畜，无失其时，七十者可以食肉矣。百亩之田，勿夺其时，八口之家可以无饥矣。谨庠序之教，申之以孝悌之义，颁白者不负戴于道路矣。老者衣帛食肉，黎民不饥不寒，然而不王者，未之有也。”

［注释］

①齐宣王：齐威王的儿子。　②齐桓、晋文之事：齐桓公和晋文公如何取得霸主地位的事情。齐桓公和晋文公都是春秋五霸里有名的霸主。　③无以：不得已。以，通“已”。　④王：称王。　⑤之：到……去。　⑥衅钟：衅是古代的一种仪式，凡是国家重要的礼器铸成之日，便宰杀动物来祭。　⑦觳觫：因恐惧而发抖的样子。　⑧与：通“欤”。　⑨诸：是“之乎”的合音。　⑩爱：吝惜。　⑪异：惊异，奇怪。　⑫隐：怜悯。　⑬说：通“悦”。　⑭百钧：三千斤。三十斤为一钧。　⑮秋毫：鸟兽秋天初生的细毛。　⑯舆薪：一车柴。　⑰折枝：折曲树枝，作为老人拄杖。　⑱老：尊重老人。　⑲幼：爱护孩童。　⑳刑：通“型”，做示范。　㉑权：权衡。　㉒度：度量。　㉓便嬖：在王左右侍奉而受到宠幸的人。　㉔朝：使……朝见。　㉕若：如此。　㉖殆：大概。　㉗疾：痛恨。　㉘愬：通“诉”。　㉙罔民：设计陷害百姓。罔，通“网”。　㉚畜：养育。　㉛之：到……去。　㉜轻：轻松。　㉝盍：何不。

［译文］

齐宣王问孟子：“您能把春秋时齐桓公、晋文公成就霸业的事讲给我听听吗？”

孟子答道：“孔子的学生们没有一个谈到这两位霸主的事业，所以后世没有流传下来，我也就不曾听说过。大王如果一定要让我说,那么就谈谈用道德的力量统一天下的‘王道’吧。”

齐宣王问道:“要具备什么样的德行才能实行王道呢?”

孟子答道:“通过使老百姓安居乐业的方法便可实行王道,这是任何人阻挡不了的。”

齐宣王又问道:“像我这样,能使老百姓安居乐业吗?”

孟子答道:“当然可以。”

齐宣王接着说:“您凭什么这样说呢?”

孟子说:“我听大王的侍臣胡龁说:有一次大王坐在大殿上,有人牵着牛从殿下经过,您看到后问道:‘把牛牵到什么地方去?’那人回答说:‘要把它杀了祭钟。’您说:‘还是放了它吧,看到它浑身哆嗦,毫无罪过却被送进屠场,我实在于心不忍。’那人问道:‘那么就废除祭钟仪式了吗?’您又说道:‘怎么能废除呢?用羊替换它吧!’——不知有没有这么回事?”

齐宣王说:“有这回事。”

孟子说:“只要有这种好心肠就可以实行王道了。老百姓认为您吝啬,可我本来就知道您是于心不忍。”

齐宣王又说:“是啊,确实有这种百姓。齐国虽然不大,但我何至于舍不得一头牛?我是不忍心看它浑身哆嗦,毫无罪过而被送进屠场,因此才用羊替换了它。”

孟子说:“您莫怪百姓说您吝啬。以羊代牛是以小换大,他们怎么能体察您的深意呢?您如果可怜牛毫无罪过而被送进屠场,那么杀牛与宰羊又有什么区别呢?”

齐宣王笑着说:“这到底是什么心理呢?我并不是吝惜钱财才以羊代牛。(照您这么说,)百姓说我吝啬是理所当然的了。”

孟子说:“没什么,您的这种不忍之心正是仁爱的表现,只是您看见了那头牛而没见到那只羊。君子对于飞禽走兽,看到它们活着，便不忍心见到它们死去；听到它们的悲鸣，就不忍心吃它们的肉。所以君子总是离厨房远远的。”

齐宣王高兴地说：“《诗经》中说：‘别人的用心，我能揣测到。’这好像是针对先生说的。我这样做了，可回过头来反思，却说不出其中的缘由。现在经您老人家一说，我便茅塞顿开。但我的这种用心与王道契合，是什么道理呢？”

孟子说：“假如有人禀告大王：‘我的力气足以举起三千斤重的东西，但却拿不起一根羽毛；我的目力足能体察秋鸟的细毛，但却看不见一车柴火。’大王相信这种话吗？”

齐宣王说：“自然不信。”

孟子接着说：“如今大王的恩泽已普及禽兽，但却不能使百姓得到好处，这是为什么呢？如此说来，拿不起一根羽毛，是因为压根儿没有用力；看不见一车柴火，是因为没有用眼；老百姓不能安居乐业，是因为您不愿广施恩泽。所以，大王不用王道统治天下，是不愿做，而不是不能做。”

齐宣王又问：“不愿做与不能做表面上看来有什么不同？”

孟子答道：“让你把泰山挟在臂下跨越北海，你对别人说：‘这我做不到。’这是真的做不到。让你替老人折取树枝，你也对人说：‘这个我办不到。’那是不愿做，而不是做不到。大王不行王道不是挟泰山跨越北海之类的事情，而是与给老人折取树枝同属一类。

“尊重家里的长辈并尊重他人的长辈，爱抚自家的儿女并爱抚别人的儿女，那么，治理天下就像把东西放在掌心中运转一样容易了。《诗经》中说：‘先给妻子做榜样，从而影响兄弟，再进一步推广到封邑和国家。’这只不过说把仁爱之心推广到别人身上罢了。因此，广施恩泽便足以安定天下，否则，就连妻子也保全不了。古代的贤人之所以远远超过一般人，没有什么别的诀窍，只是善于推己及人罢了。如今大王的恩泽广及禽兽，而老百姓却得不到好处，这是什么缘故呢？

“称一称才知道轻重，量一量才晓得长短。事物都是如此，而人心尤其是这样。大王，请您仔细细斟酌吧！

“难道您非要兴师动众，让士兵和臣下冒着生命危险，和别的国家结下仇怨，然后才心里痛快吗？”

齐宣王说：“不，我为什么非要如此才感到痛快呢？我之所以这样做，只是想满足我的最大欲望罢了。”

孟子又说：“大王的最大欲望是什么呢，可以说给我听听吗？”

齐宣王笑而不答。

孟子说：“是因为美味佳肴满足不了味觉吗？是因为轻柔暖和的衣服温暖不了身体吗？还是因为艳丽的色彩不足以愉悦眼目吗？美妙的音乐不足以满足听觉吗？侍奉的人不够使唤吗？而以上这些，大王手下的臣子都能充分供给，您难道是为了谋求这些么？”

齐宣王说：“当然不是为了这些。”

孟子说：“那么大王最大的欲望就可以知道了：您是想进一步扩张疆土，使秦、楚这样的大国俯首称臣，从而主宰天下，安抚四边的外族。不过，以您现在的所作所为去实现您的远大目标，就如同爬到树上捕鱼一样。”

齐宣王说：“事情糟糕到如此地步了吗？”

孟子说：“恐怕还要比这糟糕得多。爬上树捕鱼，虽然得不到鱼，但却没有什么后患；凭您现在的所作所为去满足您最大的欲望，要是竭尽心力地去做，后患便会接踵而至。”

齐宣王说：“这其中的道理可以讲给我听听吗？”

孟子说：“假如邹国人与楚国人打仗，您认为哪一方会胜利呢？”

齐宣王说："我认为楚国人会得胜。"

孟子说："如此说来，小国本来就抵挡不了大国，人数少的本来就抵挡不了人数多的，势力弱的本来就抵挡不了势力强的。现在中国土地的总面积是九百万平方里，而齐国只不过占有其中的九分之一，以九分之一的力量跟其余九分之八的力量为敌，这与邹国和楚国交锋有什么区别？(既然这条路走不通，)您何不从根本上解决问题呢？

"如今大王如果改革旧法，施行仁政，便能使天下的士大夫都想到您的身边效力，庄稼人都想到您的国土上种地，商人都想到您的街市上做生意，来往的旅客都乐意取道齐国，那些对本国君主怀有怨恨的人们，也都想到您这里来申诉。如果这样，谁又能阻挡得了呢？"

齐宣王说："我精神昏愦，对您的设想已不能作进一步的深究。希望您老人家帮助我达到目的，明确地教导我。虽然我缺乏才干，但也不妨尝试一下。"

孟子说："没有固定的产业收入却有执着的道德信念，这只有士人才能做到；至于一般的平民百姓，没有固定的产业收入，便不会有执着的道德信念。如此，便会胡作非为，目无纲纪，什么事情都做得出来。等到他们触犯了法律，再加以惩处，这如同设下罗网陷害他们。哪有仁爱者当朝却干出陷害百姓的勾当呢？所以贤明的君主规定老百姓的产业，一定要使他们上足以赡养双亲，下足以抚养妻儿；好年成暖衣甘食，坏年成不至于饿死。然后再引导他们走向善的方向，那他们就很容易听从驱使了。

"现在也规定百姓的产业，但上不足以赡养父母，下不足以抚养妻儿。好年景也是艰难困苦，坏年景更是死路一条。在这种境况下，人们保全自身的性命都唯恐不及，哪有闲暇去学习礼仪呢？

“大王如要施行仁政,何不从根本上着手呢?在五亩大的住宅四周种上桑树,五十岁以上的人就能穿上丝绵袄了。不要耽误鸡和猪狗之类家畜的饲养和繁殖的时机,七十岁以上的老者都可以经常吃到肉食了。配给每户一百亩田地,并且不妨碍生产,那么,一个八口之家就不至于挨饿了。办好学校,反复申述孝顺父母、尊敬兄长的道理,须发花白的老人就不会肩挑背扛地行走在道路上。老人穿绵食肉,一般老百姓不缺衣少食,这样还不能主宰天下,是从来没有的。”

卷二　梁惠王章句下

凡十六章

［原文］

2·1　庄暴见孟子，曰："暴见于王，王语暴以好乐，暴未有以对也。"曰："好乐何如？"

孟子曰："王之好乐甚，则齐国其庶几[①]乎！"

他日，见于王，曰："王尝语庄子以好乐，有诸？"

王变乎色，曰："寡人非能好先王之乐也，直[②]好世俗之乐耳。"

曰："王之好乐甚，则齐其庶几乎！今之乐由古之乐也。"

曰："可得闻与？"

曰："独乐乐[③]，与人乐乐，孰乐？"

曰："不若与人。"

曰："与少乐乐，与众乐乐，孰乐？"

曰："不若与众。"

"臣请为王言乐。今王鼓乐于此，百姓闻王钟鼓之声，管籥之音，举[④]疾首蹙頞而相告曰：'吾王之好鼓乐，夫何使我至于此极[⑤]也？父子不相见，兄弟妻子离散。'今王田猎[⑥]于此，百姓闻王车马之音，见羽旄之美，举疾首蹙頞而相告曰：'吾王之好田猎，夫何使我至于此极也？父子不相见，兄弟妻子离散。'此无他，不与民同乐也。今王鼓乐于此，百姓闻王钟鼓之声，管籥之音，举欣欣然有喜色而相告曰：‘吾王庶几无疾病与，何以能鼓乐也？’今王田猎于此，百姓闻王车马之音，见羽旄之美，举欣欣然有喜色而相告曰：‘吾王庶几无疾病与，何以能田猎也？’此无他，与民同乐也。今王与百姓同乐，则王矣。”

［注释］ ① 庶几：差不多。 ② 直：通“只”。 ③ 乐乐：第一个“乐”是动词，意思是欣赏音乐。第二个“乐”是形容词，意思是快乐。 ④ 举：全都。 ⑤ 极：疲敝。 ⑥ 田猎：打猎。

［译文］ 齐国的臣子庄暴来见孟子，说道：“我去朝见大王，他告诉我，他爱好音乐，可我不知道如何回答。”庄暴又接着说：“爱好音乐到底好不好？”

孟子说：“齐王如此爱好音乐，齐国差不多就有治理好的希望了。”

后来有一天孟子去谒见齐王，问道：“您曾经对庄暴说您很喜爱音乐，有这回事么？”

齐王听后惭愧地说：“我喜爱的并不是古代帝王遗留下来的音乐，而是世俗流行的一般乐曲。”

孟子说：“大王如此爱好音乐，那么齐国就有治理好的希望了。现在流行的音乐和古乐没有什么区别。”

齐王说：“先生可以说一说其中的道理吗？”

孟子反问道：“一个人独自欣赏音乐的乐趣和与别人一起欣赏音乐的乐趣，哪一种更快乐呢？”

齐王答道：“当然跟别人一起欣赏更有乐趣。”

孟子说：“那么跟少数人一起欣赏音乐的乐趣和跟多数人一起欣赏的乐趣，哪一种更快乐呢？”

齐王答道："跟多数人一起欣赏更快乐。"

孟子接着说："那么，就让我谈谈应该如何享受欣赏音乐的乐趣吧！假如现在大王您在这里演奏音乐，老百姓听到鸣钟击鼓和吹箫奏笛的声音，都头昏脑涨，愁眉苦脸地互相议论：'我们的大王如此爱好音乐，可为什么使我们到了这种不幸的地步？父子不能见面，兄弟妻儿流离失散！'假如大王在这里打猎，百姓听到车马的声音，目睹仪仗的华丽，都觉得头昏脑涨，愁眉苦脸地互相议论：'我们国王这样喜欢打猎，可为什么使我们困苦到如此地步？父子不能相见，兄弟妻儿流离失散！'百姓这么埋怨没有别的原因，就是因为您不能与他们共享快乐。

"假如大王现在在这里演奏音乐，老百姓听到鸣钟击鼓和吹箫奏笛的声音，都喜形于色地奔走相告：'我们的大王大概很健康吧，要不然怎么能奏乐呢？'假如大王在这里打猎，老百姓听到车马的声音，目睹仪仗的华丽，都眉开眼笑地相互说：'我们的大王大概很健康吧，不然他怎么能打猎呢？'（老百姓为什么如此高兴呢？）这没有别的原因，就是因为您能与他们一道娱乐。如果大王真的能与民同乐，那么天下就会归服了。"

［原文］

2·2 齐宣王问曰："文王之囿[①]方七十里，有诸？"

孟子对曰："于传[②]有之。"

曰："若是其[③]大乎？"

曰："民犹以为小也。"

曰："寡人之囿方四十里，民犹以为大，何也？"

曰："文王之囿方七十里，刍荛[④]者往焉，雉兔[⑤]

者往焉,与民同之。民以为小,不亦宜乎?臣始至于境,问国之大禁,然后敢入。臣闻郊关之内,有囿方四十里,杀其麋鹿者,如杀人之罪。则是方四十里为阱于国中,民以为大,不亦宜乎?"

[注释]

① 囿:古代蓄养草木鸟兽的园林,有围墙的叫"苑",没有围墙的叫"囿"。 ② 传:典籍记载。 ③ 其:在句中用法相当于"之"。 ④ 刍荛:名词用如动词,割草打柴。 ⑤ 雉兔:名词用如动词,捕鸟猎兔。

[译文]

齐宣王问孟子:"传说周文王的狩猎场方圆七十里,有这么回事吗?"

孟子回答说:"古书上是这样记载的。"

齐宣王又问:"真的有这么大吗?"

孟子说:"可老百姓还认为它小呢。"

齐宣王说:"我的狩猎场方圆只有四十里,可老百姓却嫌它太大了,这是为什么呢?"

孟子说:"文王的狩猎场虽然纵横七十里,但割草打柴的可以去,捕捉鸟兽的也可以去,他和老百姓一同享用。这样,老百姓认为它太小不是很自然的吗?(而大王您的做法正好相反,)我刚到齐国边境(的时候),先要询问有什么重大的禁令,然后才敢入境。我听说在首都的郊外有一个狩猎场,方圆四十里,谁要是杀死场中的麋鹿就如同犯了杀人之罪。如此说来,这等于在国中设下了一个方圆四十里的陷阱。老百姓认为它太大,不是也很自然吗?"

[原文]

2·3 齐宣王问曰:"交邻国有道乎?"

孟子对曰:"有。惟仁者为能以大事小,是故汤事葛，文王事昆夷。惟智者为能以小事大，故太王事獯鬻，勾践事吴。以大事小者，乐天者也；以小事大者，畏天者也。乐天者保天下，畏天者保其国。《诗》云：'畏天之威，于时保之。'"

王曰："大哉言矣！寡人有疾，寡人好勇。"

对曰："王请无好小勇。夫抚剑疾视，曰：'彼恶[1]敢当我哉！'此匹夫之勇，敌一人者也。王请大之！

"《诗》云：'王赫斯[2]怒，爰[3]整其旅，以遏[4]徂[5]莒，以笃[6]周祜[7]，以对于天下。'此文王之勇也。文王一怒而安天下之民。

"《书》曰：'天降下民，作之君，作之师，惟曰其助上帝宠之。四方有罪无罪惟我在，天下曷敢[8]有越厥[9]志？'一人衡行[10]于天下，武王耻之。此武王之勇也。而武王亦一怒而安天下之民。今王亦一怒而安天下之民，民惟恐王之不好勇也。"

［注释］　① 恶：何。　② 赫斯：赫然，发怒的样子。　③ 爰：乃。　④ 遏：阻止。　⑤ 徂：往。　⑥ 笃：使……深厚。　⑦ 祜：福佑。　⑧ 曷敢：何敢。　⑨ 厥：其。　⑩ 衡行：横行。

［译文］　齐宣王问："与邻国往来有什么原则和方式吗？"

孟子回答说："有的。只有仁爱的君主才能以大国的身份去侍奉小国，所以商汤侍奉过葛伯，周文王侍奉过昆夷。只有明智的君主才能以小国的身份去侍奉大国，所以太王侍奉过獯鬻，勾践侍奉过夫差。能够以大国的身份去侍奉小国的人是怡然自得者，而以小国的身份去侍奉大国的人则是谨小慎微者。怡然自得者足以安抚天下，谨小慎微者能够保全自己的国家。所以《诗经》中说：'敬畏上天的威严，因此保全了国家。'"

齐宣王说："您的见解实在高明！但我这个人有一个毛病，就是标榜勇敢（，怕是很难做到侍奉他人）。"

孟子说："我希望大王不要标榜那微不足道的小勇。有人手按刀剑瞪着眼睛说：'你怎么敢抵挡我呢！'这是匹夫之勇，只能与一个人匹敌而已，希望大王能把它推而广之。

"《诗经》中说：'我们的文王勃然大怒，整顿军队前去阻止侵犯莒国的敌人，以增强周国的威望，并报答其他国家对周国的信任。'这便是文王的勇敢，只要他勃然大怒就可以使天下的老百姓得到安定。

"《尚书》中说：'上天降下芸芸众生，也替他们安排了君主和老师，君主和老师的责任就是帮助上天安抚人民。普天之下有罪和无罪的都由我（姬发）裁决，谁敢违背上天的意志（胡作非为呢）？'只要有一个人横行天下，武王就认为是奇耻大辱。这便是武王的勇武精神。他也是勃然大怒就可以使天下的老百姓得到安定的。现在大王您如果能做到勃然大怒便能安抚天下，那么，天下的老百姓就惟恐您不勇敢哩。"

[原文]

2·4 齐宣王见孟子于雪宫[①]。王曰："贤者亦有此乐乎？"

孟子对曰："有。人不得，则非[②]其上矣。不得而非其上者，非也；为民上而不与民同乐者，亦非也。乐[③]民之乐者，民亦乐其乐；忧[④]民之忧者，民亦忧其忧。乐以天下，忧以天下，然而不王者，未之有也。

"昔者齐景公问于晏子曰：'吾欲观于转附、朝

儛，遵海而南，放于琅邪，吾何修而可以比于先王观也？’

“晏子对曰：‘善哉问也！天子适诸侯曰巡狩。巡狩者，巡所守也。诸侯朝于天子曰述职。述职者，述所职也。无非事者。春省[5]耕而补不足，秋省敛而助不给[6]。夏谚曰：‘吾王不游，吾何以休？吾王不豫[7]，吾何以助？一游一豫，为诸侯度。’今也不然，师行而粮食[8]，饥者弗食，劳者弗息。睊睊胥谗[9]，民乃作慝[10]。方命[11]虐民，饮食若流。流连荒亡，为诸侯忧。从流下而忘反[12]谓之流，从流上而忘反谓之连，从[13]兽无厌谓之荒，乐酒无厌谓之亡。先王无流连之乐，荒亡之行。惟君所行也。’

“景公说，大戒于国，出舍于郊。于是始兴发补不足。召大师[14]曰：‘为我作君臣相说之乐！’盖《徵招》、《角招》是也。其诗曰：‘畜君何尤[15]？’畜君者，好君也。”

［注释］　① 雪宫：是齐宣王的离宫。　② 非：埋怨。　③ 乐：以……为乐。　④ 忧：以……为忧。　⑤ 省：省察。　⑥ 给：供给得上。　⑦ 豫：游玩。　⑧ 粮食：消耗粮食。　⑨ 睊睊胥谗：睊睊，侧目怒视的样子。胥，都。　⑩ 慝：恶。　⑪ 方命：违背天命。　⑫ 反：通“返”。　⑬ 从：通“纵”。　⑭ 大师：就是“太师”，古代乐官之长。　⑮ 尤：错误。

［译文］　齐宣王在他的别墅雪宫中召见孟子，问道：“道德高尚的人也有这种快乐吗？”

孟子答道：“有。如果人们得不到这种乐趣，就要埋怨他们的君主了。当然，这种做法是错误的。可是作为一国之君不与民同乐也是不对的。把人民的快乐视为自己的快乐,人民也会把国君的快乐看作自己的快乐;把人民的忧愁视为自己的忧愁,人民也会把国君的忧愁看作自己的忧愁。和天下同忧同乐,还不能使天下归服,是从来没有的。

“过去齐景公问晏子:‘我想到转附和朝儛两个山上游玩,然后沿着海岸向南走,直到琅邪,我怎样才能和古代帝王的巡游相比美呢?’

“晏子回答说:‘您问得太好了!天子去诸侯国叫巡狩,这是巡视诸侯所守疆土的意思;诸侯去朝见天子叫述职,这是报告本职工作的意思。以上这些没有不和工作结合在一起进行的。春天巡视耕种情况,对贫困的农户加以补助;秋天考察收获情况,对缺吃少穿的人家实行救济。夏朝有一首谚语说:“我们的君王不外出巡视,我们怎么能得到安抚和休整?我们的君王不外出巡视,我们怎么能沐浴君恩?我们的君王四处巡视,可以作为诸侯效法的标准。”可现在并非如此,天子一外出巡游,便兴师动众,搜刮粮食,以至饥饿的人吃不上饭,辛劳的人得不到休息。老百姓都侧目而视,怨声载道,眼看就要群起抗争了。如此违背天意,虐待百姓,豪饮滥食就像流水一样没有止尽。这种流连忘返、荒亡无度的行径,确实使诸侯非常担忧。那么,什么叫流连荒亡呢?从上游放舟而下,乐而忘返叫流;从下游向上游漂荡而不知返回叫连;贪得无厌地打猎叫荒;没完没了地喝酒叫亡。古代的圣明君主没有这种毫不节制的荒唐行为。(是把本职工作和巡游结合起来,还是一味地放荡不羁,)大王您自己选择吧。’

“景公听了非常高兴,先在京城做好准备,然后驻扎在郊外,拿出钱粮救济缺衣少食的贫困之人。他把乐官长召来,对他说:‘为我作一首君臣同乐的歌曲吧!’这个曲子就是《徵招》和《角招》,歌词说:‘制止君主的物欲有什么过错呢?’制约君主,正是爱护他的表现。”

［原文］

2·5　齐宣王问曰:“人皆谓我毁明堂①,毁诸?已乎?”

孟子对曰:“夫明堂者,王者之堂也。王欲行王政,则勿毁之矣。”

王曰:“王政可得闻与?”

对曰:“昔者文王之治岐也,耕者九一②,仕者世禄③,关市讥④而不征,泽梁⑤无禁,罪人不孥⑥。老而无妻曰鳏,老而无夫曰寡,老而无子曰独,幼而无父曰孤。此四者,天下之穷民⑦而无告者。文王发政施仁,必先斯四者。《诗》云:‘哿⑧矣富人,哀此茕独⑨。’”

王曰:“善哉言乎!”

曰:“王如善之,则何为不行?”

王曰:“寡人有疾,寡人好货⑩。”

对曰:“昔者公刘好货,《诗》云:‘乃积乃仓⑪,乃裹糇粮⑫,于橐于囊。思戢⑬用光。弓矢斯张,干戈戚扬⑭,爰方启行。’故居者有积仓,行者有裹囊也,然后可以爰方启行。王如好货,与百姓同之,于王何有?”

王曰:“寡人有疾,寡人好色。”

对曰:“昔者太王好色,爱厥妃。《诗》云:‘古公亶父,来朝走马,率西水浒⑮,至于岐下,爰及姜女,聿来胥宇⑯。’当是时也,内无怨女⑰,外无旷夫⑱。王如好色,与百姓同之,于王何有?”

［注释］ ① 明堂：关于明堂的制度，古代学者有不同的说法。推测文义，这里应该是建在齐国境内，供天子巡狩时接见诸侯用的。 ② 九一：九分之一。 ③ 世禄：这里作动词用，供给世代享用的俸禄。 ④ 讥：稽查。 ⑤ 泽梁：古代在水泽中拦鱼的设置。 ⑥ 孥：妻室儿女。这里作动词，意思是罪及妻儿。 ⑦ 穷民：走投无路的老百姓。 ⑧ 哿：可。 ⑨ 茕独：孤独的人。 ⑩ 好货：喜欢财物。 ⑪ 仓：仓库。这里作动词用，意思是存入仓库。 ⑫ 糇粮：干粮。 ⑬ 思戢：思，语助词。戢，和。 ⑭ 干戈戚扬：是古代的四种武器。 ⑮ 率西水浒：率，沿着。水浒，水边。 ⑯ 聿来胥宇：聿，语助词。胥，省察。 ⑰ 怨女：没有嫁出的老处女。 ⑱ 旷夫：没有娶妻的单身汉。

［译文］ 齐宣王问孟子："别人都让我毁掉明堂，您说该不该毁呢？"

孟子回答说："明堂是德行高尚又能主宰天下的君主的殿堂，您要想施行王政，就不能毁掉它。"

齐宣王问："（如何实行王政呢？）您能讲给我听听吗？"

孟子回答说："当年周文王治理岐周的时候，对农民征收的税率是九分之一；政府官员世世代代承袭俸禄；对关口和市场只稽查而不征税；任何人都可以到河湖沼泽捕鱼；对罪犯的处罚只限于本人，而不连坐妻儿。年老独身或失去妻室的男人叫鳏，年老而死去丈夫的妇女叫寡，年迈而没有儿女的老人叫独，年幼而死去父亲的孩子叫孤。这四种人是世上最穷苦无靠的人。文王发布政令施行仁爱，一定首先考虑到这些人。《诗经》中说：'最舒心的是富贵者，最值得哀怜的是那些无依无靠的人。'"

齐宣王说："先生的话说得真好啊！"

孟子说："大王如认为这话有道理，那么为什么不去实践呢?”

齐宣王说:“我这个人有个弱点,就是贪爱钱财。”

孟子回答说:“从前周代的开创者公刘也贪爱钱财,《诗经》中说:‘装满囤积满仓,包裹着干粮,装满橐盛满囊,人民安乐,国运威扬。箭在弦弓开张,干戈斧钺齐上场,浩浩荡荡奔前方。’所以,留守在家中的人要有囤积的粮食,外出打仗的人则要预备干粮,这样才能率领军队前进。大王真的喜爱钱财,就应与百姓共同享用,这对于实行王政有什么不好呢?”

齐宣王又说:“我这个人还有一个缺陷,就是贪恋女色。”

孟子回答说:“从前古公亶父也贪恋女色,很宠爱他的妃子太姜。《诗经》中说:‘古公亶父清早跨着骏马,沿着西边的漆水河岸来到岐山脚下,同来的还有他的妻子姜氏。他们四处察看,准备安家。’但就在这个时候,却没有嫁不出去的老处女,也没有找不到妻子的单身汉。大王如真的喜爱女色,就应该同时满足百姓这方面的需求,这对您实行王政会有什么妨碍呢?”

[原文]

2·6　孟子谓齐宣王曰:“王之臣,有托其妻子于其友,而之楚游者,比其反也,则冻馁[①]其妻子,则如之何?”

王曰:“弃之。”

曰:“士师[②]不能治士,则如之何?”

王曰:“已之。”

曰:“四境之内不治,则如之何?”

王顾左右而言他。

[注释]

① 冻馁:使……受冻挨饿。　② 士师:古代的司法官。

[译文] 孟子对齐宣王说:“如果您有一位臣子把妻室儿女托付给朋友照料,自己则到楚地游历去了。可等他回来,妻室儿女却在挨冻受饿。对于这样的朋友,大王您认为应如何处置?”

齐宣王说:“应和他绝交。”

孟子又说:“如果狱官管束不了下级,那么应该怎么办?”

齐宣王说:“应该撤职。”

孟子进一步说:“如果一个国家没有治理好,那又该如何?”

齐宣王无言以对,只好左顾右盼,把话题扯到别处去了。

[原文] **2·7** 孟子见齐宣王,曰:“所谓故国者,非谓有乔木之谓也,有世臣①之谓也。王无亲臣矣,昔者所进,今日不知其亡②也。”

王曰:“吾何以识其不才而舍之?”

曰:“国君进贤,如不得已,将使卑逾尊,疏逾戚,可不慎与?左右皆曰贤,未可也;诸大夫皆曰贤,未可也;国人皆曰贤,然后察之。见贤焉,然后用之。左右皆曰不可,勿听;诸大夫皆曰不可,勿听;国人皆曰不可,然后察之。见不可焉,然后去之。左右皆曰可杀,勿听;诸大夫皆曰可杀,勿听;国人皆曰可杀,然后察之。见可杀焉,然后杀之。故曰国人杀之也。如此,然后可以为民父母。”

[注释] ① 世臣:世代累积功勋的臣子。 ② 亡:不在职守。

[译文] 孟子谒见齐宣王,对他说:“我们平常所说的历史悠久的国家,并不是意味着它有年代久远的高大树木,而是说有累代功勋卓著的老臣。大王您现在已没有亲信的臣子了,过去的

心腹，都不知怎么被罢免了。”

齐宣王说：“我应该如何辨别庸才并舍弃他呢？”

孟子回答说：“国君选拔人才时，如迫不得已要进用新秀，就要使卑贱者凌驾于尊贵者之上，疏远者凌驾于亲密者之上，对于这类事能不慎重吗？（因此，鉴别人才时，）左右亲近之人都说某人好，不可轻信；诸位大夫都说某人好，也不可轻信；国人都说某人好，这才对他进行考察；发现他的确德才卓越，再起用他。左右亲近之人都说某人不好，不要听信；诸位大夫都说某人不好，也不要听信；国人都说某人不好，然后便对他进行调查；发现他的确没有什么可取，再罢免他。左右亲近之人都说某人该杀，不足为凭；诸位大夫都说某人该杀，也不足为凭；国人都说某人该杀，然后对他进行考察；发现确实有可杀之罪，再去杀他。所以说，这是国人共诛。只有这样，才能真正成为百姓的父母。”

［原文］

2·8　齐宣王问曰：“汤放①桀，武王伐纣，有诸？”

孟子对曰：“于传有之。”

曰：“臣弑其君，可乎？”

曰：“贼②仁者谓之‘贼’，贼义者谓之‘残’。残贼之人，谓之‘一夫③’。闻诛④一夫纣矣，未闻弑君也。”

［注释］

①放：流放。　②贼：戕害。　③一夫：犹言“独夫”。　④诛：合乎正义地讨杀叫“诛”，以卑杀尊叫“弑”，两个词的褒贬色彩不同。

［译文］

齐宣王问道：“商汤流放夏桀，武王讨伐殷纣，真有这回事么？”

孟子回答说：“史书上有这样的记载。”

齐宣王又说:“做臣子的杀死他的君主,这可取吗?”

孟子回答:“损害仁爱的人叫做‘贼’,破坏道义的人叫做‘残’,这两种人我们称之为‘独夫’。我只听说周武王诛杀了独夫殷纣,而没有听说他杀过君主。”

[原文]

2·9 孟子谓齐宣王曰:“为巨室,则必使工师①求大木。工师得大木,则王喜,以为能胜其任也。匠人斫而小之,则王怒,以为不胜其任矣。夫人幼而学之,壮而欲行之,王曰:‘姑舍女所学而从我’,则何如?今有璞玉②于此,虽万镒③,必使玉人彫琢之。至于治国家,则曰:‘姑舍女所学而从我’,则何以异于教玉人彫琢玉哉?”

[注释]

① 工师:工匠的主管官。 ② 璞玉:蕴含于石中,未经雕琢的美玉。 ③ 万镒:极言其价值贵重。二十两为一镒。

[译文]

孟子谒见齐宣王,说道:“要建筑一所大房子,那一定要派工师去寻找大木料。如果能寻求到,那么大王您就十分高兴,认为他尽到了自己的责任。可是一旦工匠(由于技艺不精,)把木料砍小了,您便会怒气腾腾,认为他没有尽职。如果一个人从小便学习了一门专业,成人后希望能付诸实施。可是大王却对他说:‘暂且抛开你所学的专业,按我所说的去做。’那又会怎么样呢?假定现在这里有一块未经雕琢过的玉石,即使价值很高,也一定要请玉匠进行加工。至于谈到治理国家,您却对臣下说:‘暂且抛开你所学的专业,按照我所说的去做。’这跟您要求玉匠按照您的吩咐去雕琢玉石有什么不同呢?”

[原文]

2·10　齐人伐燕，胜之。宣王问曰："或谓寡人勿取，或谓寡人取之。以万乘之国伐万乘之国，五旬而举[1]之，人力不至于此。不取，必有天殃。取之，何如？"

孟子对曰："取之而燕民悦，则取之。古之人有行之者，武王是也。取之而燕民不悦，则勿取。古之人有行之者，文王是也。以万乘之国伐万乘之国，箪食壶浆[2]以迎王师，岂有它哉？避水火也。如水益深，如火益热，亦运而已矣。"

[注释]

① 举：大获全胜。　② 箪食壶浆：箪，本义是盛饭的竹筐，这里用作动词。食，粮食。壶，名词用作动词，用壶装。浆，酒浆。

[译文]

齐国攻打燕国，大获全胜。齐宣王问孟子："有的人劝我不要吞并燕国，有的人却劝我吞并它。一个拥有万辆兵车的大国去讨伐同样拥有万辆兵车的国家，只用了五十天便攻克了，（若非天意相助，）人力是绝对做不到的。看来如果不吞并它，（便会违背天意，）必遭天谴，先生认为吞并它如何？"

孟子答道："如果吞并它，燕国的老百姓很高兴，那么就吞并它，古人也有这样做的，这就是周武王；如果吞并它，燕国的老百姓很反感，那么就放弃，古人也有依此行事的，那就是周文王。拥有万辆兵车的大国去攻打同样拥有万辆兵车的大国，老百姓竟然携着饭筐和酒壶欢迎大王的军队，难道会有别的用意吗？无非是想逃避水深火热的苦海罢了。如果吞并后，燕国老百姓的苦难比先前更加深重，那么则是换汤不换药罢了。"

[原文]

2·11　齐人伐燕，取之。诸侯将谋救燕。宣王曰："诸侯多谋伐寡人者，何以待之？"

孟子对曰："臣闻七十里为政于天下者，汤是也。未闻以千里畏人者也。《书》曰：'汤一征，自葛始。'天下信之，东面而征，西夷怨；南面而征，北狄怨，曰：'奚为①后我？'民望之，若大旱之望云霓②也。归市者不止，耕者不变，诛其君而吊③其民，若时雨降。民大悦。《书》曰：'徯④我后，后来其苏⑤。'今燕虐其民，王往而征之，民以为将拯己于水火之中也，箪食壶浆以迎王师。若杀其父兄，系累⑥其子弟，毁其宗庙，迁其重器⑦，如之何其可也？天下固畏齐之强也，今又倍地⑧而不行仁政，是动天下之兵也。王速出令，反⑨其旄倪⑩，止其重器，谋于燕众，置君而后去之，则犹可及止也。"

[注释] ① 奚为：何为。 ② 云霓：霓是彩虹，这里指出现在西方的彩虹，因为这是下雨的先兆。 ③ 吊：抚慰。 ④ 徯：等待。 ⑤ 苏：更生。 ⑥ 系累：捆绑。 ⑦ 重器：指青铜器一类国家重要的宝物。 ⑧ 倍地：国土加倍。 ⑨ 反：通"返"。 ⑩ 旄倪：旄，通"耄"，老人。倪，通"儿"，少年。

[译文] 齐国攻打燕国并吞并了它。其他诸侯国便谋划解救燕国。齐宣王说："现在很多国家正谋划讨伐我，该用什么办法对付他们呢？"

孟子答道："我听说过，有凭借纵横七十里的国土统一天下的，商汤就是这样的人，但却没有听说拥有方圆千里国土的君主畏惧别国的。《尚书》上说：'商汤的征伐从葛国开始。'天下的人对他非常信赖，因此当他向东方进军，居住在西方的夷人便不高兴；当他向南方进军，居住在北方的狄人便埋怨他,都说:‘为什么把我们放在后面呢?’老百姓盼望他,如大旱之时盼望预示雨水降临的乌云和霓虹一样。(军队所到之处秩序井然,)做生意的照常营业,种庄稼的照常下地劳动。商汤只是诛杀残害百姓的暴君来安慰人民。他的到来,就像下了一场及时雨,老百姓感到非常高兴。《尚书》上说:‘等待我们的君主,只要他一到,我们就能再生。’如今燕国的君主虐待他的子民,您派兵征伐,老百姓以为您能把他们从水深火热之中解救出来,所以都提着饭筐和酒壶来犒劳您的军队,但您却杀害他们的父兄,掳掠他们的子弟,毁坏他们的宗庙,抢走他们的传国宝器,这怎么可以呢?天下诸侯本来就畏惧齐国的强大,现在又把土地扩大了一倍,但却不施行仁政,这必然要挑动各国兴兵动武,一起对付齐国。大王应赶快发布命令,送还老少俘虏,停止搬运燕国的宝器,和燕国的人士共同商议,拥立新君,然后撤兵。如果这样做,那还能来得及阻止各国的兵戎。”

[原文]

2·12　邹与鲁哄①。穆公问曰:“吾有司②死者三十三人,而民莫之死③也。诛之,则不可胜诛;不诛,则疾④视其长上之死而不救,如之何则可也?”

孟子对曰:“凶年饥岁,君之民老弱转⑤乎沟壑,壮者散而之四方者,几⑥千人矣;而君之仓廪实,府库充,有司莫以告,是上慢而残下也。曾子曰:‘戒之戒之!出乎尔者,反乎尔者也。’夫民今而后得反之也。君无尤⑦焉!君行仁政,斯民亲其上,死其长矣。”

[注释]

① 哄:交战。　② 有司:官吏。　③ 莫之死:是“莫死之”的倒装。死,为……而牺牲。　④ 疾:痛恨。　⑤ 转:弃尸。　⑥

几：接近。 ⑦ 尤：责备。

［译文］

邹国与鲁国交战。邹穆公问孟子："在这次战役中，我的部下牺牲了三十三人，可老百姓却没有一个为他们效死的。要是杀他们，则杀不尽；不杀吧，让他们眼睁睁地看着长官被杀而不去营救，又实在气恼。您认为应该怎么办？"

孟子说："每逢灾荒年岁，您的百姓年老体弱的抛尸山沟荒野，身强力壮的则四处逃亡，这样的人已成百上千；尽管如此，但您仍然粮满仓，财满库，而您的官吏谁也不把以上的情况报告给您，这就是高高在上而不关心人民的疾苦，并且还残害他们。曾子说过：'要警惕啊，要警惕啊！你怎么对待百姓，百姓就怎样回报你！'现在您的百姓总算有了报复的机会了，因此您不要责备他们。大王如果能施行仁政，您的百姓自然会敬爱上级，并乐意效死。"

［原文］

2·13 滕文公问曰："滕，小国也，间于齐、楚。事齐乎？事楚乎？"

孟子对曰："是谋非吾所能及也。无已，则有一焉：凿斯池[1]也，筑斯城也，与民守之，效死[2]而民弗去，则是可为也。"

［注释］

① 池：护城河。 ② 效死：牺牲生命。

［译文］

滕文公问道："我们滕国是一个弱小的国家，但却地处齐、楚两个大国之间。我们是侍奉齐国好呢，还是侍奉楚国好？"

孟子答道："这个问题不是我的能力所能解决的。如果非要我发表见解，那么只有一个办法：深挖护城河，加固城墙，同老百姓一起守卫，这样即使牺牲自己的生命，他们也不会离开，到了这时候就自然有办法了。”

［原文］

2·14　滕文公问曰：“齐人将筑薛，吾甚恐，如之何则可？”

孟子对曰：“昔者大王居邠，狄人侵之，去，之岐山之下居焉。非择而取之，不得已也。苟为善，后世子孙必有王者矣。君子创业垂统，为可继也。若夫[1]成功，则天也。君如彼何哉？强[2]为善而已矣。”

［注释］

① 若夫：至于。　② 强：勉力。

［译文］

滕文公问道：“齐国人准备强固薛地的城池，（这对滕国形成了威胁，）我非常惶恐，应该怎么办才好？”

孟子答道：“从前周代的祖先太王居住在邠地，狄人去侵犯他，他便迁居于岐山脚下。但这并不是他经过精心选择而采取的办法，而是迫不得已。如果一个国君能积极推行仁政，（即使他本人无所成就，）到了他的后世子孙也一定会创立帝业的。品德卓越的君子建功立业并传给子孙，就是为了一代代继承下去。至于成功与否，则要看天意怎样了。您应如何去对待齐国？看来只有走尽力施行仁政这一条路了。”

［原文］

2·15　滕文公问曰：“滕，小国也。竭力以事大国，则不得免[1]焉，如之何则可？”

孟子对曰：“昔者大王居邠，狄人侵之。事之以皮币，不得免焉；事之以犬马，不得免焉；事之以珠玉，不得免焉。乃属[2]其耆老[3]而告之曰：‘狄人之所欲者，吾土地也。吾闻之也：君子不以其所以养人者害人。二三子何患乎无君？我将去[4]之。’去邠，逾梁山，邑[5]于岐山之下居焉。邠人曰：‘仁人也，不可失也。’从之者如归市[6]。

“或曰：‘世守也，非身之所能为也。效死勿去。’

“君请择于斯二者。”

［注释］　①免：免于被侵犯。　②属：召集。　③耆老：老人。　④去：离开。　⑤邑：名词用作动词，建筑城邑。　⑥归市：趋奔集市。

［译文］　滕文公说：“滕国是一个弱小的国家，竭尽心力去侍奉大国，但仍然不能逃脱祸难，我应该怎么办才好？”

孟子回答说：“过去太王居住在邠地，狄人侵犯他，太王便用皮裘和丝帛去敬奉他们，但狄人并没有因此而放弃侵犯行为；太王又用佳犬、好马敬奉他们，狄人依然如故；后来又用珠玉敬奉他们，可还是不能免于祸难。于是，太王召集国中的长老，对他们说：‘狄人朝思暮想的无非是我的土地。我听说德行高尚的君子绝不会用养人之物去贻害于人。诸位又何必担心没有君主？（狄人同样可以成为你们新的君主。）我打算离开这里（，以使你们解脱）。’就这样，太王迁离邠地，越过梁山，在岐山脚下筑城定居下来。邠地的老百姓纷纷说：‘真是一个仁爱的人，我们不能没有他。’随他而去的人像赶集市一般踊跃。

“但也有人说：‘国土是祖先遗留下来让我们世代相守的基业，因此不是我们可以自作主张而舍弃的。即使牺牲性命也不要抛离。’

“以上两条路，大王可以任意选择。”

[原文]

2·16　鲁平公将出，嬖人[①]臧仓者请曰："他日君出，则必命有司所之[②]。今乘舆已驾矣，有司未知所之，敢请！"

公曰："将见孟子。"

曰："何哉，君所为轻身以先于匹夫者！以为贤乎？礼义由贤者出，而孟子之后丧逾前丧[③]。君无[④]见焉！"

公曰："诺。"

乐正子入见，曰："君奚为不见孟轲也？"

曰："或告寡人曰：'孟子之后丧逾前丧'，是以不往见也。"

曰："何哉？君所谓逾者，前以士，后以大夫；前以三鼎，而后以五鼎与？"

曰："否。谓棺椁衣衾之美也。"

曰："非所谓逾也，贫富不同也。"

乐正子见孟子曰："克[⑤]告于君，君为来见也。嬖人有臧仓者沮[⑥]君，君是以不果来也。"

曰："行，或使之；止，或尼[⑦]之。行止，非人所能也。吾之不遇鲁侯，天也。臧氏之子焉能使予不遇哉？"

[注释]

① 嬖人：所宠幸的人。　② 所之：到的地方。　③ 后丧逾前丧：这里的前丧是指父亲去世，后丧是指母亲去世。　④ 无：不要。　⑤ 克：乐正子名"克"。　⑥ 沮：阻止。　⑦ 尼：拉拽。

[译文]

鲁平公准备出门，他的宠臣臧仓请示说："以前大王外出，一定会把要去的地方告诉管事的人员。现在您的车马已预备好，而管事的人员却不知道您要到哪里去，因此特来请示。"

鲁平公说:“我要去拜访孟子。”

臧仓劝阻说:“您不顾自己的身份去主动拜访一个普通人,为的是什么呢?您认为孟子是一个贤德之人吗?可贤德之人的行为应合乎礼仪,而孟子母亲的丧礼却超过了先前所办的他父亲的丧礼(,可见他未必贤德)。我看您还是不要去见他。”

鲁平公说:“好吧。”

孟子的学生乐正子去拜见鲁平公,问道:“您为什么不去见孟轲呢?”

鲁平公说:“有人告诉我说:‘孟子为他母亲办的丧事超过了先前为他父亲办的丧事’,所以我没有去拜访他。”

乐正子问道:“您所说的超过是指什么呢?是说父丧时用士礼,母丧时用大夫之礼?还是说父丧时用三鼎摆设供品,母丧时用五鼎摆设供品?”

鲁平公说:“不,我指的是棺椁衣衾的华美。”

乐正子解释说:“这不叫‘超过’,而是前后家境贫富不同罢了。”

乐正子去见孟子,对他说:“我把先生推荐给了鲁平公,他原本打算拜访您,可有一个名叫臧仓的宠臣从中作梗,因此他终于没有来。”。

孟子说:“一个人要做某件事情,总有一种力量在驱使着他;一个人不做某件事情,同样也有一种力量在阻止着他。做与不做,不是人力所能办到的。我与鲁平公无缘相会,这是天意。臧家那个小子怎能使我不和平公相会呢?”

卷三　公孙丑章句上

凡九章

［原文］

3·1　公孙丑问曰："夫子当路[1]于齐，管仲、晏子之功，可复许[2]乎？"

孟子曰："子诚齐人也，知管仲、晏子而已矣。或问乎曾西曰：'吾子[3]与子路孰贤？'曾西蹴然[4]曰：'吾先子[5]之所畏也。'曰：'然则吾子与管仲孰贤？'曾西艴然[6]不悦，曰：'尔何曾比予于管仲？管仲得君，如彼其专也，行乎国政，如彼其久也，功烈如彼其卑也，尔何曾比予于是？'"曰："管仲，曾西之所不为也，而子为我愿之乎？"

曰："管仲以其君霸，晏子以其君显。管仲、晏子犹不足为与？"

曰："以齐王，由反手也。"

曰："若是，则弟子之惑滋甚。且以文王之德，百年而后崩，犹未洽于天下。武王、周公继之，然后大行。今言王若易然，则文王不足法[7]与？"

曰："文王何可当也？由汤至于武丁，贤圣之君六七作[8]，天下归殷久矣，久则难变也。武丁朝诸侯，有天下，犹运之掌也。纣之去武丁未久也，其故家遗俗，流风善政，犹有存者。又有微子、微仲、王子比干、箕子、胶鬲，皆贤人也，相与辅相[9]之，故久而后失之也。尺地，莫非其有也；一民，莫非其臣也，然而文王犹方百里起，是以难也。齐人有言曰：‘虽有智慧，不如乘势；虽有镃基⑩，不如待时。’今时则易然也：夏后、殷、周之盛，地未有过千里者也，而齐有其地矣；鸡鸣狗吠相闻，而达乎四境，而齐有其民矣。地不改⑪辟矣，民不改聚矣，行仁政而王，莫之能御也。且王者之不作，未有疏于此时者也；民之憔悴于虐政，未有甚于此时者也。饥者易为食，渴者易为饮。孔子曰：‘德之流行，速于置邮⑫而传命。’当今之时，万乘之国行仁政，民之悦之，犹解倒悬也。故事半古之人，功必倍之，惟此时为然。”

［注释］

① 当路：当权。 ② 许：兴起。 ③ 吾子：表示亲密的对称敬辞。 ④ 蹴然：不安的样子。 ⑤ 先子：古人用以称呼已逝的长辈。曾西的父亲曾参与子路是同学。 ⑥ 艴然：勃然恼怒的样子。 ⑦ 法：取法。 ⑧ 作：振兴。 ⑨ 辅相：辅佐帮助。 ⑩ 镃基：锄头。 ⑪ 改：更，另外。 ⑫ 置邮：“置”和“邮”都是古代的驿站。

［译文］

公孙丑问道：“假如先生在齐国当政，可以复兴当年管仲、晏子的功业吗？”

孟子回答说：“先生真是个齐国人，仅仅知道管仲、晏子罢了。曾经有人问曾西：‘您与子路相比，谁更贤能？’曾西不安地说：‘子路是我父亲所敬畏的人。（我怎敢与他相比？）’那个人又继续问道：‘那么您与管仲相比，谁更贤能？’曾西听后很不高兴，说道：‘你怎么拿管仲和我相比？管仲受到他的君主齐桓公的信任是那样专一，行使国家的大政又是那样长久，可他的功业竟是那样微不足道，你怎么能拿我和他相比？’”孟子过了一会儿，又接着说："连曾西都不愿与管仲为伍，你认为我会愿意与他比肩吗？"

公孙丑说："管仲使他的国君成就霸业，晏子使他的国君威名远扬，这两个人难道不值得效法吗？"

孟子说："以齐这样的大国统一天下，易如反掌。"

公孙丑说："照您这么说，我更加困惑了。像周文王这样德高望重的人，活了将近一百岁，还没有使天下四方融洽，武王与周公继承了他的事业，然后才使王道大行于天下。现在您把实行王道说得这般容易，那么，文王也不值得效法了吗？"

孟子说："怎能和文王相提并论呢？从汤到武丁，其间有六、七个圣明的君主兴起。天下归服殷商已经很久了，时间一久就很难发生变动。武丁使诸侯来朝，一统天下，就像在手掌中转转东西一样。纣王与武丁相去不远，当时的世勋旧家、良好习俗、前人遗风、仁政善教还仍然保留着，又有微子、微仲、王子比干、箕子、膠鬲这些贤德之人，他们共同辅佐纣王，所以经历了很长时间才亡国灭顶。那时，没有一尺土地不是纣王的，没有一个老百姓不是他的子民。可当时的文王却凭借方圆百里之地草创功业，所以非常艰难。齐人有句俗语：'纵然聪明，不如乘势而起；纵有锄头，不如静待农时。'当今就是施行仁政的大好时机：在夏、商、周最鼎盛的时期，任何国家的土地也没有超过方圆千里的，而现在齐国却有这么辽阔的疆土；鸡鸣狗吠的声音从首都一直传到四方的边境，人烟又是如此稠密。即使土地不再扩张，人民不再增多，施行仁政以统一天下，也没有谁能阻挡得了。而且主宰天下的贤明君主不出现的时间，历史上从没有今天这样长久；老百姓被暴虐的政治所摧残，也没有比现在更惨烈的。饥饿的人对食物不会挑剔，口渴的人对饮料也不加选择。孔子说：'德政的流行，比驿站传达上级的命令还要迅速。'当今这个时候，如果有一个拥有万辆兵车的大国施行仁政，老百姓内心的兴奋，便如同一个倒悬着的人被解救下来一样。所以事半功倍，只有在今天才能做到。”

［原文］

3·2 公孙丑问曰：“夫子加①齐之卿相，得行道焉，虽由此霸王，不异②矣。如此则动心否乎？”

孟子曰：“否！我四十不动心。”

曰：“若是，则夫子过孟贲③远矣。”

曰：“是不难，告子先我不动心。”

曰：“不动心有道乎？”

曰：“有。北宫黝之养勇也，不肤挠④，不目逃，思以一豪挫于人，若挞之于市朝⑤，不受于褐宽博⑥，亦不受于万乘之君；视刺万乘之君，若刺褐夫，无严⑦诸侯，恶声至，必反之。孟施舍之所养勇也，曰：‘视不胜犹胜也；量敌而后进，虑胜而后会，是畏三军者也。舍岂能为必胜哉？能无惧而已矣。’孟施舍似曾子，北宫黝似子夏。夫二子之勇，未知其孰贤，然而孟施舍守约⑧也。昔者曾子谓子襄曰：‘子好勇乎？吾尝闻大勇于夫子矣：自反⑨而不缩⑩，虽褐宽博，吾不惴⑪焉；自反而缩，虽千万人，吾往矣。’孟施舍之守气，又不如曾子之守约也。”

曰：“敢问夫子之不动心与告子之不动心，可得闻与？”

“告子曰：‘不得⑫于言，勿求于心；不得于心，勿求于气。’不得于心，勿求于气，可；不得于言，勿求于心，不可。夫志，气之帅也；气，体之充也。夫志至焉，气次焉；故曰：‘持[13]其志，无暴[14]其气。’”

“既曰‘志至焉，气次焉’，又曰‘持其志，无暴其气’者，何也？”

曰：“志壹则动气，气壹则动志也。今夫蹶[15]者趋[16]者，是气也，而反动其心。”

“敢问夫子恶[17]乎长？”

曰：“我知言，我善养吾浩然之气。”

“敢问何谓浩然之气？”

曰：“难言也。其为气也，至大至刚，以直养而无害，则塞于天地之间。其为气也，配义与道。无是，馁也。是集义所生者，非义袭而取之也。行有不慊[18]于心，则馁矣。我故曰：告子未尝知义，以其外之也。必有事焉而勿正，心勿忘，勿助长也。无若宋人然[19]：宋人有闵其苗之不长而揠[20]之者，芒芒然[21]归，谓其人曰：‘今日病[22]矣！予助苗长矣！’其子趋而往视之，苗则槁矣。天下之不助苗长者寡矣。以为无益而舍之者，不耘[23]苗者也；助之长者，揠苗者也，非徒无益，而又害之。”

“何谓知言？”

曰：“诐辞[24]知其所蔽，淫辞[25]知其所陷，邪辞[26]知其所离，遁辞[27]知其所穷。生于其心，害于其政；发于其政，害于其事。圣人复起，必从吾言矣。”

“宰我、子贡善为说辞，冉牛、闵子、颜渊善言德行，孔子兼之，曰：‘我于辞命，则不能也。’然则夫子既圣矣乎？”

曰："恶[28]！是何言也？昔者子贡问于孔子曰：'夫子圣矣乎？'孔子曰：'圣则吾不能，我学不厌，而教不倦也。'子贡曰：'学不厌，智也；教不倦，仁也。仁且智，夫子既圣矣乎。'夫圣，孔子不居，是何言也？"

"昔者窃[29]闻之：子夏、子游、子张皆有圣人之一体，冉牛、闵子、颜渊则具体而微。敢问所安？"

曰："姑舍是。"

曰："伯夷、伊尹何如？"

曰："不同道。非其君不事，非其民不使；治则进，乱则退，伯夷也。何事非君，何使非民；治亦进，乱亦进，伊尹也。可以仕则仕，可以止则止，可以久则久，可以速则速，孔子也。皆古圣人也，吾未能有行焉。乃所愿，则学孔子也。"

"伯夷、伊尹于孔子，若是班[30]乎？"

曰："否！自有生民以来，未有孔子也。"

"然则有同与？"

曰："有。得百里之地而君之，皆能以朝[31]诸侯，有天下；行一不义，杀一不辜[32]，而得天下，皆不为也。是则同。"

曰："敢问其所以异。"

曰："宰我、子贡、有若，智足以知圣人，汙[33]不至阿其所好。宰我曰：'以予[34]观于夫子，贤于尧、舜远矣。'子贡曰：'见其礼而知其政，闻其乐而知其德，由百世之后，等百世之王，莫之能违也。自生民以来，未有夫子也。'有若曰：'岂惟民哉？麒麟之于走兽，凤凰之于飞鸟，太山之于丘垤㉟，河海之于行潦㊱，类也。圣人之于民，亦类也。出于其类，拔乎其萃，自生民以来，未有盛于孔子也。'"

[注释]

① 加：居。 ② 异：以……为异。 ③ 孟贲：和下面提到的北宫黝、孟施舍等都是有名的勇士。 ④ 桡：退却。 ⑤ 市朝：集市和朝堂。这里是偏意复合词，意义偏指集市。 ⑥ 褐宽博：褐是粗布衣服，乃贫贱之人所服。"褐宽博"借代指称地位低贱的人。 ⑦ 严：惧怕。 ⑧ 约：简明。 ⑨ 反：反思。 ⑩ 缩：直。 ⑪ 惴：使……害怕。 ⑫ 得：取胜。 ⑬ 持：坚守。 ⑭ 暴：乱用。 ⑮ 蹶：跌倒。 ⑯ 趋：快跑。 ⑰ 恶：何。 ⑱ 慊：快。 ⑲ 无若宋人然：在战国时期的著作里，人们常把宋国人当做取笑的对象。 ⑳ 揠：拔。 ㉑ 芒芒然：疲惫不堪的样子。 ㉒ 病：疲惫。 ㉓ 耘：除草。 ㉔ 诐辞：偏颇的言辞。 ㉕ 淫辞：过分的话。 ㉖ 邪辞：邪僻的言辞。 ㉗ 遁词：躲躲闪闪的言辞。 ㉘ 恶：表示惊讶不安的叹词。 ㉙ 窃：表谦的副词。 ㉚ 班：等同。 ㉛ 朝：使……朝见。 ㉜ 不辜：无罪的人。 ㉝ 汙：下。 ㉞ 予：古人对人一般自呼其名，表示对人的尊敬。宰我名"予"，因自称。 ㉟ 垤：小土堆。 ㊱ 行潦：地上流的雨水。

[译文]

公孙丑问孟子："先生如在齐国居卿相之位，并能推行自己的主张，从此成就霸王之业，那是不足为奇的。要是遇到这种情况，您是否（因恐惧或疑惑而）勃然心动呢？"

孟子说："不，我从四十岁以后就不再动心了。"

公孙丑说："如果这样，那么先生比孟贲强多了。"

孟子说："做到这一点并不难，告子在我之先就不动心了。"

公孙丑接着问："要做到不动心还有窍门吗？"

孟子答道："是的。北宫黝是这样培养自己勇气的：皮肤被刺，毫不退缩；眼睛被戳，决不回避；受到一点点挫折，就像在大庭广众之下被人鞭打一般；既不能忍受平民百姓的侮辱，也不愿接受大国之君的胁迫；刺杀大国之君就如刺杀平民百姓；没有什么君主能使他畏惧，谁骂他一句，他一定予以回敬。而孟施舍培养勇气的方法则与北宫黝不同，他说：'我对我不能战胜的敌人和能够战胜的敌人没有两样；如果先考察敌人的实力，然后才进兵，先考虑战斗的胜败，然后才交锋，这种人若碰到强敌一定会畏缩。我孟施舍怎能知道必然取胜呢？我只是无所畏惧罢了。'孟施舍就像曾子，而北宫黝接近子夏。这两人的勇气，我不知道谁强谁弱，但孟施舍的方法简易可行。从前曾子对子襄说：'你喜欢勇敢吗？我曾经从老师孔子那里听说过关于大勇的理论：反躬自问，正义不在自己一边，即使对方是平民百姓，我也不去威胁他；反躬自问，正义在自己一边，即使对方是千军万马，我也勇往直前。'孟施舍固守的只是无所畏惧的勇气，所以又不如曾子的方法简易可行。"

公孙丑说："我大胆地问先生一句，您可以把您的不动心与告子的不动心的异同，讲给我听听吗？"

孟子答道："告子说：'如果不能在言语上取胜，就不必求助于思想；如果不能在思想上取胜，就不必求助于意气。'我认为后者是正确的，而前者是错误的。(为什么这样说呢？)因为所谓思想意志是意气感情的主宰，而意气感情则是充实于体内的力量，思想意志到哪里，意气感情就会随之在哪里出现。所以说：'要坚持自己的思想意志，不要感情用事。'"

公孙丑说："你既然说'思想意志到哪里，意气感情就会在哪里出现'，可您又说'要坚持自己的思想意志，不要感情用事'，这是为什么？"

孟子回答说："思想意志专注于哪一方面，意气情感就会在哪一方面表现出来。相反，一个人的意气情感专注于哪一方面,思想意志也必然受到牵扯。如摔倒和奔跑,虽只是体气的震动,但也不能不反过来作用于他的思想和意志。”

公孙丑又问道:“请问先生擅长什么?”

孟子说:“我善于分析别人的言辞,并且善于培养我的浩然之气。”

公孙丑说:“那么什么是浩然之气呢?”

孟子说:“这就很难表述清楚了。作为一种气,它是那样的伟大而刚强,如果用正义去培育它而不随意伤害,它就会充塞于天地之间,无所不在。作为一种气,它又与道和义相配合,没有它,就显得软弱无力。这种义是日积月累产生的,而不是偶然的正义行为所能招致的。只要你的举动有愧于心,它就毫无生气。所以我说,告子从来不懂得什么是义,因为他把义看做是外在于心的东西。要培养浩然之气,就不要设立特定的目标;时时铭记在心,但不要违背规律人为地帮助它成长。不要像那个宋国人:他担心自己的禾苗长得太慢,就把它们拔高了一些。他疲惫地回到家中,对家人说:‘今天累坏了,我帮助禾苗长高了!’他儿子赶紧跑去一看,禾苗已经枯死了。其实天下不干这种傻事的人是很少的。以为培养工作毫无益处而放弃不干的,是不锄草的懒汉;违背自然规律人为地帮助它生长的,就是那拔苗助长的人。这种行为不但无助于事,反而会伤害它。”

公孙丑说:“什么是擅长分析言辞?”

孟子说:“听了偏颇的言辞,就能知道它的片面性;听了过分的言辞,就能了解它什么地方过分;听了邪僻的言辞,就能断定它与正义的分歧;听了闪烁的言辞,就能明白它理屈词穷之处。这四种言辞都来源于思想,因此必然危及政治。如果在政治措施上体现出来,则又必然影响国家的具体工作。如果圣人再度出现,他一定会赞成我的言论。”

公孙丑说："宰我、子贡长于言辞；冉牛、闵子、颜渊则以道德见称。孔子二者兼有，但他却说：'我这个人不擅长辞令。'（而先生现在既善于分析他人的言辞，又善于培养浩然之气，）那么，您是一位圣人吗？"

孟子惊讶地说："哎！你这是什么话？以前子贡问孔子：'老师已经是圣人了吗？'孔子说：'圣人，我是做不到的。我只不过学习时不感到厌倦，教导别人时不感到疲劳罢了。'子贡马上接着说：'学习时不感到厌倦，这是智的表现。教导别人时不感到疲劳，这是仁的显示。仁智结合，老师可以称得上是圣人了。'连孔子都不敢以圣人自居，（你却把这个桂冠加在我身上。）这是什么话呢？"

公孙丑说："我以前听说过：子夏、子游、子张，都曾学到孔子的一部分特长；冉牛、闵子、颜渊在才德上接近孔子，但不如他博大精深。先生您属于哪一类呢？"

孟子说："暂且不谈这些吧。"

公孙丑说："那么伯夷和伊尹又怎么样呢？"

孟子回答说："他们并不是一路人。不是理想的君主，他不去侍奉；不是理想的百姓，他不去役使；天下太平就出来做官，天下混乱就隐居山林。这是伯夷的为人。他所做的事，都为了君王；他所驱使的，都为了百姓。天下大治，他仕进；天下大乱，他同样仕进。这就是伊尹的为人。能做官就做官，该辞职就辞职；可以干下去就干下去，应马上离开就马上离开。这是孔子的处世态度。他们都是古代的贤人，可是我没能做到；至于我自己的愿望，则是要向孔子学习。"

公孙丑问："伯夷与伊尹可以同孔子相提并论吗？"

孟子说："不，自人类诞生以来，就没有人能够比得上孔子。"

公孙丑说："那么这三个人有相同之处吗？"

孟子说："有的。如果他们拥有方圆百里的地方并被立为国君，都能使诸侯来朝，统一天下。但如果让他们通过做一件不义之事、杀一个无辜之人而得到天下，他们是不会干的。这就是他们的相同之处。"

公孙丑说："请问他们的不同点是什么呢？"

孟子说："宰我、子贡和有若，他们的聪明才智足以了解圣人，即使有所喜好，也不至于流于徧袒。宰我说：'以我的看法，老师远远胜过尧舜。'子贡则说：'观察一个国家的礼制，就能了解它的政治；听到一个国家的音乐，就能了解它的德教。即使在百世之后去评价百代以来的君主，也没有一个人能违背孔子之道。自人类诞生以来，没有人能与孔子相比。'有若也说：'难道只有人类有高低之分么？麒麟对于走兽，凤凰对于飞鸟，泰山对于土丘，河海对于小溪，未曾不是同类，圣人对于一般民众，也是同类，但他超出了他的种属，高出了他的同群。自有人类以来，没有人可以和孔子相提并论。'"

［原文］

3·3 孟子曰："以力假仁者霸，霸必有大国；以德行仁者王，王不待大——汤以七十里，文王以百里。以力服人者，非心服也，力不赡①也；以德服人者，中心悦而诚服也，如七十子之服孔子②也。《诗》云：'自西自东，自南自北，无思③不服。'此之谓也。"

［注释］

① 赡：足。 ② 七十子之服孔子：根据《史记·孔子世家》的记载，孔子的门徒三千，特别突出的有七十二人。 ③ 思：语助词。

［译文］

孟子说："依仗自己的武力，假借仁义的名号进行讨伐的，可以称霸于诸侯，但称霸一定要依靠国大力强；凭借道德而实行仁政的,则不必以此为基础——商汤依靠的是纵横七十里的土地,周文王赖以立足的也是方圆百里的小国。以武力征服人的,别人不会心悦诚服,只是因为实力薄弱罢了;以恩德使别人归服,是打心眼里归服,像孔子门下的七十多位弟子归服孔子那样。《诗经》中说:‘从西到东,从南到北,无不心悦诚服。’说的就是这个道理。”

[原文] **3·4** 孟子曰:“仁则荣,不仁则辱。今恶辱而居不仁,是犹恶湿而居下也。如恶之,莫如贵德而尊士,贤者在位,能者在职。国家闲暇①,及是时,明其政刑。虽大国,必畏之矣。《诗》云:‘迨天之未阴雨,彻彼桑土②,绸缪③牖户。今此下民,或敢侮予。’孔子曰:‘为此诗者,其知道乎!能治其国家,谁敢侮之?’今国家闲暇,及是时,般乐怠敖④,是自求祸也。祸福无不自己求之者。《诗》云:‘永言配命,自求多福。’《太甲》曰:‘天作孽,犹可违⑤;自作孽,不可活⑥。’此之谓也。”

[注释] ① 国家闲暇:国家没有内忧外患。 ② 桑土:土,通“杜”。桑杜就是桑树根。 ③ 绸缪:缠绕。 ④ 般乐怠敖:般乐,游乐。敖,通“遨”。 ⑤ 违:避。 ⑥ 活:通“逭”,逃脱。

[译文] 孟子说:“(一国之君)只要推行仁政,就能给自己带来荣耀;如果不推行仁政,就会遭受耻辱。现在这些人,虽然厌恶耻辱,但却仍然甘居于不仁的状态,这就像讨厌潮湿却甘心住在低洼之处。如果真的厌恶耻辱,就应该崇尚德行并尊重士人,使品德超拔的人有相应的位置,才能卓越的人有一定的职务。国家没有内忧外患,乘着这大好时机,修明政教法律。这

样，即使是大国也会畏惧的。《诗经》中说：‘乘着天儿雨没下云没起，剥取桑树根上的皮，把门窗好好修理。身处其下的人，谁也不敢把我欺！’孔子说：‘这首诗的作者是明白道的，能治理好他的国家，谁还敢欺侮他？’如今国家安定，如果这个时候懈怠游乐，等于自招祸难。一个人的祸与福无不是自己造成的。《诗经》中又说：‘人们应该永远与天命配合，自己去追求更多的幸福。’《太甲》上也说：‘天降灾祸可以逃避，人为的灾祸则不可避免。’正是说的这个意思。”

［原文］

3·5　孟子曰：“尊贤使能，俊杰在位，则天下之士皆悦，而愿立于其朝矣；市，廛而不征①，法而不廛②，则天下之商皆悦，而愿藏于其市矣；关，讥而不征③，则天下之旅皆悦，而愿出于其路矣；耕者，助而不税，则天下之农皆悦，而愿耕于其野矣；廛④，无夫里之布⑤，则天下之民皆悦，而愿为之氓⑥矣。信能行此五者，则邻国之民仰之若父母矣。率其子弟，攻其父母，自有生民以来未有能济者也。如此，则无敌于天下。无敌于天下者，天吏也。然而不王者，未之有也。”

［注释］

① 廛而不征：给予货栈而不征税。“廛”指市场中的货栈。　② 法而不廛：国家立法，对因滞销而积压在货栈的货物进行收购。　③ 讥而不征：严加盘查，但不征税。　④ 廛：这里的“廛”指民居，和上文不同。　⑤ 夫里之布：是夫布和里布的合称。布指钱，夫布是指为了雇人代出徭役而缴纳的雇佣金，里布是因为田地荒芜或占用农田而付的地税。　⑥ 氓：从别处迁徙来的流民。

［译文］

孟子说：“尊重德行高尚的人，起用才能超拔的人，让杰出的人物都有相应的职位，那么天下的士人都会心悦诚服，到朝廷去效力。在市场上，给商人提供货栈，却不征收货物税；如果滞销，国家便依法征购，不使之积压，那么天下的商人都会由衷地高兴，愿意把货物储存在那个市场上。关卡只检查言语、装束奇异的人，而不征税，那么，天下的旅客都会由衷地高兴，愿意取道这个国家。对农民实行井田制，只让他们帮着耕种公田，而不另征租税，那么天下的农民都会由衷地高兴，愿意到那个国家的田野上耕种。百姓居住的地方，没有附加的雇役钱和地税，那么，天下的民众都会由衷地高兴，愿意到那里侨居。如果真的能做到这五方面，那么，邻国的老百姓就会像崇敬父母一样崇敬他。（如果邻国之君率领这样的民众来侵犯他，便如同）率领儿女们去攻打自己的父母一样，从有人类以来，这种事没有不失败的。这样也就天下无敌了。天下无敌的人是上天的使者。如此还不能统一天下，是从来没有过的。”

［原文］

3·6 孟子曰：“人皆有不忍人之心。先王有不忍人之心，斯有不忍人之政矣。以不忍人之心，行不忍人之政，治天下可运之掌上。所以谓人皆有不忍人之心者，今人乍①见孺子将入于井，皆有怵惕②恻隐③之心，非所以内交④于孺子之父母也，非所以要誉⑤于乡党朋友也，非恶其声而然也。由是观之，无恻隐之心，非人也；无羞恶之心，非人也；无辞让之心，非人也；无是非之心，非人也。恻隐之心，仁之端也；羞恶之心，义之端也；辞让之心，礼之端也；是非之心，智之端也。人之有是四端也，犹其有四体也。有是四端而自谓不能者，自贼者也；谓其君不能者，贼其君者也。凡有四端于我者，知皆扩而充之矣，若火之始然⑥，泉之始达。苟能充之，足以保四海；苟不充之，不足以事父母。”

［注释］　① 乍：猛然。　② 怵惕：惊恐。　③ 恻隐：哀痛。　④ 内交：结交。内，通“纳”。　⑤ 要誉：博取好的声誉。要，通“邀”。　⑥ 然：“燃”的本字。

［译文］　孟子说：“每个人都有同情别人的心肠，古代的帝王因为具有这种心肠，所以才有了体恤百姓的仁政。能以这种心肠去推行体恤百姓的仁政，治理天下就像把东西放在手掌上运转一样容易。所以我说每个人都有同情别人的心肠，譬如，现在有人忽然看见一个小孩要掉到井里，任何人都会产生一种惊恐同情的心理，这既不是为了和小孩的父母攀结交情，也不是为了在乡亲朋友中间博取声誉，更不是因为厌恶孩子的啼哭才这样做。由此看来，任何人如没有同情之心，就失去了人味；没有辱耻之心，也失去了人味；没有推让之心，同样失去人味；没有是非之心，也算不上是人。同情之心是仁的萌芽，羞耻之心是义的开端，推让之心是礼的发源，是非之心是智的初露。一个人有这四种开端，正如他的身体有四肢一样。具备这四种开端却认为无能为力的人，是自暴自弃；认为自己的君主无能为力的人，便是暴弃其君者。凡是自身具备这四种开端的人，如果知道把它们发扬光大，便如刚刚燃烧的火，（不可扑灭；）刚刚流出的泉水（，终要汇成江河）。假如能扩充这四个开端，就可以安定天下；否则，连自己的父母也无法奉养。”

［原文］　**3·7**　孟子曰：“矢人①岂不仁于函人②哉？矢人唯恐不伤人，函人唯恐伤人。巫匠③亦然。故术不

可不慎也。孔子曰：'里④仁为美。择不处仁，焉得智？'夫仁，天之尊爵也，人之安宅也。莫之御而不仁，是不智也。不仁、不智，无礼、无义，人役也。人役而耻为役，由⑤弓人而耻为弓，矢人而耻为矢也。如耻之，莫如为仁。仁者如射，射者正己而后发；发而不中，不怨胜己者，反求诸己而已矣。"

［注释］

① 矢人：制作弓箭的人。 ② 函人：制作铠甲的人。 ③ 巫匠：巫医和木匠。古代巫兼有治病的功能，巫医唯恐法术、医术不灵，病人不能痊愈；而木匠制作棺材，唯恐病人痊愈，棺材滞销，所以孟子把巫匠并举，与矢人、函人作比。 ④ 里：居住。 ⑤ 由：通"犹"，好比。

［译文］

孟子说："造箭的人难道比制甲的人本性更残忍吗？造箭的人唯恐他的箭不能射伤人，而制甲的人唯恐他的甲不能保护人。巫师和木匠也是如此。（前者生怕自己的法术不灵，贻误病人；后者担心病人痊愈，棺材滞销。）可见一个人选择职业时不可不慎重。孔子说：'与仁共存是好事。自我选择而不与仁共处，怎么谈得上明智？'仁是上天赐予的最尊贵的爵位，是人最安全的宅第。没有人干涉你，你却不去施行仁爱，这是愚蠢的。不仁、不智，无礼、无义，只配供人使唤。本该被别人使唤却以此为耻，就好比造弓的人以造弓为耻，制箭的人以制箭为耻。如果真的觉得可耻，就不如去施行仁爱。施行仁爱的人像射箭的人一样：射箭的人都是先端正自己的姿势，然后才把箭射出去；如果没中目标，并不埋怨胜过自己的同行，而是反躬自问罢了。"

［原文］

3·8 孟子曰："子路，人告之以有过，则喜。禹，闻善言则拜。大舜有①大焉，善与人同，舍己从人，乐取于人以为善。自耕稼、陶、渔以至为帝，无非取于人者。取诸人以为善，是与②人为善者也。故君子莫大乎与人为善。”

[注释]　① 有：通“又”。　② 与：帮助。

[译文]　孟子说：“子路这个人，一旦别人指出他的过错，便非常高兴；夏禹一旦受到别人的教诲，便予以拜谢。大舜更伟大，他与别人一道行善，抛弃自己错误的东西，听从别人正确的意见，非常乐意汲取他人的长处，充实自己的善行。他从种地、制陶、打鱼到做了天子，没有一处优点不是向别人虚心学习得来的。汲取别人的长处以行善事，是与人为善的好作风。因此，君子最高的品德就是帮助、鼓励别人行善。”

[原文]　**3·9**　孟子曰：“伯夷，非其君不事，非其友不友。不立于恶人之朝，不与恶人言。立于恶人之朝，与恶人言，如以朝衣朝冠坐于涂炭。推恶恶①之心，思与乡人立，其冠不正，望望然②去之，若将浼③焉。是故诸侯虽有善其辞命而至者，不受也。不受也者，是亦不屑就已。柳下惠不羞汙君，不卑④小官；进不隐贤，必以其道；遗佚而不怨，阨穷⑤而不悯⑥。故曰：‘尔为尔，我为我，虽袒裼裸裎⑦于我侧，尔焉能浼我哉？’故由由然⑧与之偕而不自失焉，援而止之而止。援而止之而止者，是亦不屑去已。”孟子曰：“伯夷隘，柳下惠不恭。隘与不恭，君子不由⑨也。”

[注释]　① 恶恶：第一个“恶”是动词，厌恶。第二个“恶”是名词，坏人坏

事。 ② 望望然：怨恨的样子。 ③ 浼：玷污。 ④ 卑：以……为卑贱。 ⑤ 阨穷：受到阻碍而官路不通。 ⑥ 悯：悲伤。 ⑦ 袒裼裸裎：四个字连举，同义复用，都是赤裸的意思。 ⑧ 由由然：高兴的样子。 ⑨ 由：经行。

［译文］ 孟子说："伯夷这个人，不是他理想的君王不侍奉，不是他认可的朋友不交结，不为恶人的朝廷效力，不同恶人交谈；为恶人的朝廷效力和同恶人交谈，如同穿着礼服戴着礼帽坐在污泥和炭灰上。将这种憎恶坏人坏事的心理推广开来，他便这样想道：同乡下人为伍，他们的帽子歪戴着，便要很不高兴地走开，生怕他们玷污了自己。所以虽然当时各国君主用好言好语招请他，他还是加以拒绝。之所以拒绝，就是他不屑与这些统治者接近。柳下惠却完全不同，他不以侍奉不好的君主为耻，也不以官职卑微为低下，在朝廷中不隐藏自己的才干，但却一定要按照他的意图办事；被遗弃时没有怨言，受穷困时也不忧愁。所以他说：'你是你，我是我，即使你在我身边赤身露体，怎么能玷污我呢？'因此他能悠然地与他人为伍而不失态，别人挽留他他就留下。之所以如此，是因为他觉得用不着离开。"孟子又说："伯夷的心胸太狭隘，柳下惠的态度又太不严肃。这两种做法，都是君子所不取的。"

卷四 公孙丑章句下

凡十四章

[原文]

4·1 孟子曰："天时不如地利，地利不如人和。三里之城，七里之郭①，环②而攻之而不胜。夫环而攻之，必有得天时者矣；然而不胜者，是天时不如地利也。城非不高也，池③非不深也，兵革④非不坚利也，米粟非不多也；委⑤而去之，是地利不如人和也。故曰：域⑥民不以封疆之界，固国不以山谿之险，威天下不以兵革之利。得道者多助，失道者寡助。寡助之至，亲戚畔⑦之；多助之至，天下顺之。以天下之所顺，攻亲戚之所畔；故君子有不战，战必胜矣。"

[注释]

① 郭：古代的城分内外两部分，内城叫"城"，外城叫"郭"。 ② 环：包围。 ③ 池：护城河。 ④ 兵革：武器和铠甲。 ⑤ 委：弃。 ⑥ 域：限制。 ⑦ 畔：通"叛"。

[译文]

孟子说："天时不如地利，地利不如人和。譬如有一座内城三里、外郭七里的城邑，敌人围攻而不能取胜。在围攻的过程中，一定有合适的天时，但却失败了，这就说明天时不如地利。（再譬如另有一座城邑，）城墙不是不高，城池不是不深，兵器和甲胄不是不尖锐、坚固，粮食不是不丰富；（然而，敌人一进攻，）守者便弃城而逃，这就是地利不如人和。因此说：限制老百姓不能靠国家的疆界，保卫国家不能靠山河的峻险，威行天下不能靠武力的强盛。履行道义的人帮助他的人就多，违背道义的人帮助他的人就少。帮助的人少到了极点，连自己的亲属也会背叛他；帮助他的人多到了极点，天下都会顺从他。以天下顺从的力量去攻打连亲属都背叛他的人，那么，圣明的君主要么不进行战争，只要进行，就必定取得胜利。”

［原文］

4·2 孟子将朝王，王使人来曰："寡人如[①]就见者也，有寒疾，不可以风。朝[②]，将视朝，不识可使寡人得见乎？"

对曰："不幸而有疾，不能造朝。"

明日，出吊于东郭氏。公孙丑曰："昔者辞以病，今日吊，或者不可乎？"

曰："昔者疾，今日愈，如之何不吊？"

王使人问疾，医来。

孟仲子对曰："昔者有王命，有采薪之忧[③]，不能造朝。今病小愈，趋造于朝，我不识能至否乎？"

使数人要[④]于路，曰："请必无归，而造于朝！"

不得已而之景丑氏宿焉。

景子曰："内则父子，外则君臣，人之大伦也。父子主恩，君臣主敬。丑见王之敬子也，未见所以敬王也。"

曰："恶！是何言也！齐人无以仁义与王言者，岂以仁义为不美也？其心曰：'是何足与言仁义也'云尔，则不敬莫大乎是。我非尧、舜之道，不敢以陈于王前，故齐人莫如我敬王也。"

景子曰："否，非此之谓也。礼曰：'父召，无诺[⑤]；君命召，不俟驾[⑥]。'固将朝也，闻王命而遂不果，宜与夫礼若不相似然。”

曰：“岂谓是与？曾子曰：‘晋、楚之富，不可及也。彼以其富，我以吾仁；彼以其爵，我以吾义。吾何慊⑦乎哉？’夫岂不义而曾子言之？是或一道也。天下有达尊三：爵一，齿⑧一，德一。朝廷莫如爵，乡党莫如齿，辅世长民莫如德。恶得有其一以慢⑨其二哉？故将大有为之君，必有所不召之臣，欲有谋焉，则就⑩之。其尊德乐道，不如是不足以有为也。故汤之于伊尹，学焉而后臣之，故不劳而王；桓公之于管仲，学焉而后臣之，故不劳而霸。今天下地丑⑪德齐，莫能相尚，无他，好臣⑫其所教，而不好臣其所受教。汤之于伊尹，桓公之于管仲，则不敢召。管仲且犹不可召，而况不为管仲者乎？”

［注释］

① 如：本当。　② 朝：朝见。　③ 采薪之忧：意思是自己患有小病。这是当时交际中的习惯用语。　④ 要：通“邀”，遮拦。　⑤ 诺：当时口语交际中，应答词有“唯”和“诺”两种，而“唯”比“诺”还要显得恭敬一些。　⑥ 不俟驾：古代君王召见臣子，臣子为了表示对君王的敬畏，不等车马准备好就急急去朝见。　⑦ 慊：以……为少。⑧ 齿：年纪。　⑨ 慢：怠慢。　⑩ 就：到……去拜见。　⑪ 丑：类同。　⑫ 臣：以……为臣。

［译文］

孟子正打算朝见齐王，却碰上齐王打发使者前来传话：“我原本要来看望您，可是感冒了，不能吹风。如果您能来朝，我也将临朝视事，不知道能不能让我有幸与先生相见？”

孟子回话说：“我也不幸染有微恙，不能到朝廷去。”

第二天，孟子去东郭氏家中吊丧。公孙丑说：“您昨天刚刚托病谢绝了齐王的召见，今天却出门吊丧，这种做法也许不大合适吧?"

孟子说:"昨天生病,今天好了,为什么不去吊丧呢?"

齐王派人来探望孟子的病情,并且带来了医生。孟仲子只好应付他们说:"昨天大王有令召见,正逢先生身体不适,不能朝见。今天稍好了一些,已经上朝去了,不知道(现在)是否已经到达朝中了。"

接着孟仲子派了几个人在归途中拦截孟子,并说道:"请先生务必不要回家,一定要赶快到朝中去!"

孟子无可奈何,只好到景丑家中歇宿。

景丑对孟子说:"在家庭内部讲究父子之道,在家庭之外则强调君臣之义,这是人与人之间最重要的关系。父子之间首要的是恩爱,君臣之间为主的是恭敬。而我现在看到的是齐王对您的尊重,却没有发现您对齐王有什么恭敬之心。"

孟子说:"哎!这是什么话!在你们齐国,没有一个人用仁义之道去和齐王交谈的,难道真的认为仁义不好吗?(不是。)他们心里肯定是这样想的:'这样的君王怎么可以跟他谈仁义之道呢?'这才是对齐王最大的不敬。而我呢,不是符合尧、舜之道的方略则不敢拿来向齐王陈述,所以,齐国人没有一个比我更尊敬齐王。"

景丑说:"不,我说的并不是这个。礼经上说:'父亲召唤儿子,轻轻地答应一声"是"就起身,而不能慢条斯理地说"诺";君主召见臣子,要立即前往,而不能等驾好车再走。'你本来准备朝见齐王,可一听说齐王召见,反而不去了,这大概与礼书上所说的不大相符吧。"

孟子说:"难道您指的是这个吗?曾子说过:'晋、楚两国的富庶是我们不能相比的。不过,他们凭借的是财富,我奉行的是仁道;他们倚仗的是爵位,我遵守的是道义,和他们相比,我有什么缺憾呢?'这些话如不合道义,曾子怎么能说呢?其中也许有些道理。天下有三种东西为人们所尊重：一个是爵位，一个是年龄，一个是道德。在朝廷中最讲究爵位，在乡里最讲究年龄，在辅佐君王统治百姓方面，自然以道德为重。怎么能凭借爵位轻视年龄和道德呢？所以，将要大有作为的君主一定会有他不能召唤的臣子，若有重大的决策需要商量，就亲自登门拜访。如果不能崇尚道德、乐行仁政，就不值得帮助他有所作为。因此，商汤对待伊尹，是先向他学习，然后再用他为臣，所以轻而易举地统一了天下；齐桓公对待管仲，也是先向他请教，然后再起用他，因此不费吹灰之力便称霸诸侯。如今的大国，土地没有差别，君主们的德行也不相上下，但谁也不能凌驾于谁之上，没有别的原因，就是他们喜欢起用对他们言听计从的人为臣，而不乐意起用有能力教导他们的人为臣。商汤对待伊尹，齐桓公对待管仲，就不敢召唤。连管仲尚且不可召唤，何况不愿效法管仲的人呢？"

［原文］

4·3　陈臻问曰："前日于齐，王馈兼金[①]一百而不受；于宋，馈七十镒而受；于薛，馈五十镒而受。前日之不受是，则今日之受非也；今日之受是，则前日之不受非也。夫子必居一于此矣。"

孟子曰："皆是也。当在宋也，予将有远行，行者必以赆[②]；辞曰：'馈赆。'予何为不受？当在薛也，予有戒心；辞曰：'闻戒，故为兵馈之。'予何为不受？若于齐，则未有处也。无处而馈之，是货[③]之也。焉有君子而可以货取乎？"

［注释］

① 兼金：好金，因为价值是普通金的两倍，所以叫"兼金"。　② 赆：财物。　③ 货：贿赂。

［译文］ 陈臻问道："先生前些日子在齐国，齐王赠送您上等金一百镒，您没有接受。后来在宋国，宋君赠您七十镒，您却接受了。在薛地，薛君送您五十镒，您也收纳了。如果前些日子的不接受是正确的，那么今天的接受便是错误的；如果今天的接受是对的，那么，前些日子的不接受便错了。先生的两种做法，一定有一个是错的。"

孟子回答说："都是正确的。当我在宋国的时候，我正准备远行，而对远行的人一定要送些盘缠，所以宋君说：'送您一点旅费吧。'我为什么不接纳呢？在薛地的时候，我听说旅途中有风险，须要戒备，因此薛君说：'听说您须要戒备，送您一点钱购买兵器吧。'我又为什么不可以接受呢？至于在齐国，就没有什么理由了。没有理由而赠送我钱财，这无异用钱收买我。哪有品德高尚的人可以用钱收买呢？"

［原文］ **4·4** 孟子之平陆，谓其大夫曰："子之持戟之士，一日而三失伍①，则去之否乎？"

曰："不待三。"

"然则子之失伍也亦多矣。凶年饥岁，子之民，老羸②转③于沟壑，壮者散而之四方者，几④千人矣。"

曰："此非距心⑤之所得为也。"

曰："今有受人之牛羊而为之牧之者，则必为之求牧与刍矣。求牧与刍而不得，则反诸其人乎？抑亦立而视其死与？"

曰："此则距心之罪也。"

他日，见于王曰："王之为都者，臣知五人焉。知其罪者惟孔距心。"为王诵⑥之。

王曰："此则寡人之罪也。"

［注释］　① 失伍：不能保持在队伍中的序列。　② 老羸：老弱。　③ 转：转尸。　④ 几：几乎。　⑤ 距心：根据上下文意，"距心"当即上文中的"平陆大夫"、下文中的"孔距心"。　⑥ 诵：复述。

［译文］　孟子到了平陆，对那里的地方官孔距心说："如果您手下的战士一天之内三次失职，您是否开除他呢？"

孔距心回答说："不用三次我就开除他了。"

孟子说："可是，您失职的地方也不少。遇到饥荒的年岁，您的百姓中，年老体弱而抛尸山沟的，年轻力壮而四处逃亡的，将近千人了。"

孔距心回答说："（要改变这种状况，）不是我自己所能做到的。"

孟子说："现在假如有一个人接受了别人的牛羊并替他放牧，那么这个人一定要为这群牛羊找到牧场和草料。如找不到牧场和草料，那么是把这群牛羊归还原主呢，还是站在那儿眼睁睁地看着它们饿死呢？"

孔距心说："如此说来这是我孔距心的罪过了。"

后来有一天，孟子朝见齐王说："大王的地方官我认识五个。能够明白自己失职之罪的，只有一个孔距心。"于是孟子把他与孔距心的谈话复述了一遍。

齐王听后说道："这也是我的罪过。"

［原文］　**4·5**　孟子谓蚳鼃曰："子之辞灵丘而请士师，似也，为其可以言也。今既数月矣，未可以言与？"

蚳鼃谏于王而不用，致为臣①而去。

齐人曰："所以为蚳鼃则善矣②，所以自为则吾不知也。”

公都子以告。

曰：“吾闻之也：有官守者，不得其职则去；有言责者，不得其言则去。我无官守，我无言责也，则吾进退，岂不绰绰然有余裕哉？”

［注释］ ① 致为臣：相当于“致仕”，辞官。 ② 所以为蚳鼃则善矣：这句和下一句都省略了主语“孟子”。

［译文］ 孟子对蚳鼃说：“您辞去灵丘邑令而请求担任治狱官，好像很有道理，因为这样您可以向君主进言了。从您担任治狱官到现在已经好几个月了，难道还不能向大王进言吗？”

于是，蚳鼃向君主进言，但没有被采纳，他便辞职离开了。

齐国有人说：“（孟子）对蚳鼃的建议是对的，但他是怎样替自己考虑的呢，那我还不知道。”

公都子把这话告诉了孟子。

孟子说：“我听说过：有职务的人如果不称职就应该辞去，承担进言职责的人如果他的建议不被采纳，也应该辞职。我没有官职，也不承担进言的责任，那么我的进退出处，不是有十分自由的回旋余地吗？”

［原文］ **4·6** 孟子为卿于齐，出吊于滕，王使盖大夫王驩为辅行①。王驩朝暮见。反齐、滕之路，未尝与之言行事也。

公孙丑曰：“齐卿之位，不为小矣。齐滕之路，不为近矣。反之而未尝与言行事，何也？”

曰：“夫②既或治之，予何言哉？”

［注释］ ① 辅行：副使。 ② 夫：彼，指王驩。

［译文］

孟子在齐国担任卿的职务，到滕国去吊丧，齐王让盖邑的邑令王驩作为副使与他同行。王驩与孟子朝夕相处，往返于齐、滕之间的路上，孟子却未曾与他谈论过公事。

公孙丑问道："齐国的卿这个官位不算小，齐、滕之间的路途也不算近便，但来去您都没有和他谈过公事，这是什么原因？"

孟子答道："他既然一个人自作主张，我还同他说什么呢？"

［原文］

4·7　孟子自齐葬于鲁，反于齐，止于嬴。

充虞请曰："前日不知虞之不肖，使虞敦匠①事，严②，虞不敢请。今愿窃有请也：木若以③美然。"

曰："古者棺椁④无度⑤，中古，棺七寸，椁称之。自天子达于庶人，非直为观美也，然后尽于人心。不得，不可以为悦；无财，不可以为悦。得之为有财，古之人皆用之，吾何为独不然？且比⑥化者⑦无使土亲肤，于人心独无恔⑧乎？吾闻之也，君子不以天下俭其亲。"

［注释］

①敦匠：督促木匠（打造孟母的棺椁）。　②严：事情促迫。　③以：通"已"，过于。　④棺椁：内棺叫"棺"，外棺叫"椁"。　⑤度：程式，法度。　⑥比：为。　⑦化者：死者。　⑧恔：称心。

［译文］

孟子从齐国去鲁国埋葬他母亲，返回齐国的时候在嬴地停留下来。

充虞请示道："前些日子承蒙您看得起我，让我监督制作棺椁的工作，当时您很忙，我不敢请示，所以现在才来请教：我觉得棺木似乎太好了。”

孟子答道：“上古的时候，人们对棺木的尺寸没有什么规定；中古的时候规定棺厚七寸，椁的厚度以与棺相配为准。从天子到老百姓，对棺椁讲究，不只是为了美观好看，同时也是为了竭尽孝子之心。（因受礼制所限，）不能用上好木料时，当然不会称心如意；没有财力，（不能买上好的木料，）也不会称心如意。既合礼制又买得起上好的木料，古人都这么办，为什么唯独我不能这样？而且仅仅使死者的遗体不与泥土接触，孝子就心安理得了吗？（所以，）我听说过：君子在任何情况下都不应该在父母身上省钱。”

［原文］

4·8 沈同以其私问曰：“燕可伐与？”

孟子曰：“可。子哙不得与人燕，子之不得受燕于子哙[①]。有仕于此，而子悦之，不告于王而私与之吾子之禄爵，夫士也亦无王命而私受之于子，则可乎？何以异于是？”

齐人伐燕。

或问曰：“劝齐伐燕，有诸？”

曰：“未也。沈同问‘燕可伐与’，吾应之曰‘可’。彼然[②]而伐之也。彼如曰：‘孰可以伐之？’则将应之曰：‘为天吏，则可以伐之。’今有杀人者，或问之曰：‘人可杀与？’则将应之曰：‘可。’彼如曰：‘孰可以杀之？’则将应之曰：‘为士师，则可以杀之。’今以燕伐燕，何为劝之哉？”

［注释］

① 子哙不得与人燕，子之不得受燕于子哙：燕王子哙把王位让给他的相国子之，引起国人内乱。不得，做得不对。 ② 然：认为……

正确。

[译文]　沈同以个人身份请教孟子:“可以讨伐燕国吗?”

孟子回答说:“可以。燕王子哙不能随便把燕国让给别人,相国子之也不能擅自从子哙那里把燕国接受下来。假如有这么一个人,你很喜爱他,你不向君主请示就私自把你的官位俸禄让给他,而这个人呢,也不等得到君主的任命竟私自接受了你的官位俸禄,这样行吗? ——子哙与子之私自授受燕国的事和这有什么区别?”

齐国真的去讨伐燕国。

有人问孟子:“听说您曾劝说齐国去讨伐燕国,有这么回事么?”

孟子说:“没有。沈同曾以私人身份问我‘可以讨伐燕国吗’,我回答说‘可以’。他们便这样去讨伐燕国了。如果他说:‘谁可以讨伐燕国?’那我将会回答:‘只有受命于天的人才能讨伐它。’假如这里有一个杀人犯,有人问道:‘这人该杀吗?’那我要这样回答他:‘应该。’如果他又说:‘谁能杀这个罪犯呢?’那我就说:‘治狱官可以杀他。’现在这样一个和燕国差不多暴虐的齐国去讨伐燕国,我怎么会劝他呢?”

[原文]　**4·9**　燕人畔①。王曰:“吾甚惭于孟子。”

陈贾曰:“王无患焉。王自以为与周公孰仁且智?”

王曰:“恶! 是何言也!”

曰:“周公使管叔监殷,管叔以殷畔。知而使之,是不仁也;不知而使之,是不智也。仁、智,周公未之尽也,而况于王乎? 贾请见而解之。”

见孟子，问曰："周公何人也？"

曰："古圣人也。"

曰："使管叔监殷，管叔以殷畔也，有诸？"

曰："然。"

曰："周公知其将畔而使之与？"

曰："不知也。"

"然则圣人且有过与？"

曰："周公，弟也；管叔，兄也。周公之过，不亦宜乎？且古之君子，过则改之；今之君子，过则顺之。古之君子，其过也，如日月之食，民皆见之，及其更也，民皆仰之；今之君子，岂徒顺之，又从为之辞②。"

［注释］ ① 畔：通"叛"，背叛。 ② 为之辞：替他狡辩。

［译文］ 燕国人反抗齐国，齐王说："我对孟子感到非常惭愧。"

陈贾说："您不要过意不去。大王，您认为自己和周公相比，谁更仁爱，谁更明智？"

齐王（不满地）说："哎！这是什么话！（我怎么能和周公相比？）"

陈贾说："周公让管叔监督殷国，管叔却带领殷国人反叛。如果周公事先预见管叔会反叛，却仍然派他去监督殷国，那周公还是不够仁爱；如果他事先没有觉察，那便是还不够明智。仁爱和明智，周公尚且没有完全做到，何况大王您呢？我想去见孟子，向他解释一番。"

陈贾去见孟子，问道："周公是怎样一个人？"

孟子说："是古代的圣人。"

陈贾说："听说他派管叔去监督殷国，结果管叔率领殷国人反叛，有这回事吗？”

孟子说：“是这样的。”

陈贾说：“周公是事先预见到管叔要反叛却仍然派他去吗？”

孟子说：“周公没有预见到。”

陈贾说：“如此看来圣人也会犯错误了？”

孟子说：“周公是弟弟，管叔是兄长，（难道弟弟会怀疑兄长吗？）所以周公所犯的错误，不是合乎情理吗？况且，古代的君子，犯了错误随时改正；今天的所谓君子，犯了错误却将错就错。古代的君子，他们的过错，就像日食和月食，老百姓都能看到；当他们改正的时候，人们都抬头仰望。现在的君子，不仅将错就错，还要编造谎言强作辩解。”

［原文］

4·10　孟子致为臣而归。王就见孟子，曰：“前日愿见而不可得，得侍同朝，甚喜。今又弃寡人而归，不识可以继此而得见乎？”

对曰：“不敢请耳，固所愿也。”

他日，王谓时子曰：“我欲中国[①]而授孟子室，养弟子以万钟，使诸大夫国人皆有所矜式[②]。子盍为我言之！”

时子因陈子而以告孟子，陈子以时子之言告孟子。

孟子曰：“然。夫时子恶知其不可也？如使予欲富，辞十万而受万，是为欲富乎？季孙曰：‘异哉子叔疑！使己为政，不用，则亦已矣，又使其子弟为卿。人亦孰不欲富贵？而独于富贵之中有私龙断[③]焉。’古之为市也，以其所有易其所无者，有司者治之耳。有贱丈夫焉，必求龙断而登之，以左右望而罔④市利。人皆以为贱，故从而征之。征商自此贱丈夫始矣。”

[注释]

① 中国：在国都（这里指齐国国都临淄）中心。 ② 矜式：效法。 ③ 龙断：就是“垄断”。 ④ 罔：通“网”。

[译文]

孟子想辞去齐国官职，回到故乡去。齐王登门会见孟子，说：“以前想见到您却不可能，后来我们同朝共事，感到很愉快。现在您又要抛弃我回到故乡去，不知道从此以后我们还能相见吗？”

孟子回答说：“我不敢提出这样的请求，其实我本来是抱着这个希望的。”

有一天，齐王对时子说：“我想在临淄的中心地带给孟子一幢房屋，以万钟之粟奉养他的学生，使官吏和老百姓都有所效法。你何不替我向孟子谈谈这个想法！”

时子便托陈子把这话告诉孟子，陈子便向孟子传达了时子的话。

孟子说：“哦，时子哪里知道这个事情做不得呢？假如我贪图钱财，那辞去十万钟的俸禄而接受这一万钟的奉养，难道是贪图钱财吗？季孙曾说：‘子叔疑这个人真奇怪！自己想当官，别人不录用，这也就算了，可他又让自己的儿子兄弟做卿大夫。谁不想取得高官厚禄呢？但唯独他想在升官发财的时候垄断一切。’（什么叫垄断？）古代做生意，是用自己有的东西换取自己所没有的东西，而这本是由相关部门管理的。可是却有这么一个卑贱的男人，他一定要寻求一个制高点爬上去，左顾右盼，恨不能把所有的利润都一网打尽。人们都认为他太卑贱，所以就向他征税。向商人征税就是从这个卑贱的男人开始的。”

［原文］

4·11 孟子去齐，宿于昼。有欲为王留行者，坐而言。不应，隐几①而卧。

客不悦，曰：“弟子齐宿②而后敢言，夫子卧而不听，请勿复敢见矣。”

曰：“坐！我明语子。昔者鲁缪公无人乎子思之侧，则不能安子思；泄柳、申详无人乎缪公之侧，则不能安其身。子为长者虑，而不及子思。子绝长者乎？长者绝子乎？”

［注释］

① 隐几：扶在靠几上。古代的几主要是供倚靠之用。 ② 齐宿：先一日斋戒叫“斋宿”。齐，通“斋”。

［译文］

孟子离开齐国，在昼邑歇宿。有一位想替齐王挽留孟子的人，坐着同孟子说话。但孟子没有理睬他，伏在小几上睡着了。

这个人不高兴地说：“学生在前一天就举行斋戒以示恭敬，今天才敢同先生谈话，但您却装着睡觉，不理睬我，以后我再也不会见您了。”（这人说完就要起身离开。）

孟子说：“坐下来！我明白地告诉你。过去鲁缪公（如何对待贤人的？）如果没有人留在子思身边，那就不能让子思安心；泄柳、申详没有留在缪公的身边，他也不会安心。你为我这个老人考虑时连缪公如何对待子思都想不到（，你不去开导齐王，却劝我留下来）。到底是你要跟我断绝往来，还是我要跟你断绝往来呢？”

［原文］

4·12 孟子去齐。尹士语人曰：“不识王之不可以为汤武,则是不明也;识其不可,然且至,则是干泽[1]也。千里而见王,不遇故去,三宿而后出昼,是何濡滞[2]也?士则兹不悦[3]。”

高子以告。

曰:“夫尹士恶知予哉?千里而见王,是予所欲也。不遇故去,岂予所欲哉?予不得已也。予三宿而出昼,于予心犹以为速,王庶几改之!王如改诸,则必反予。夫出昼,而王不予追也,予然后浩然[4]有归志。予虽然[5],岂舍王哉!王由[6]足用[7]为善,王如用予,则岂徒齐民安?天下之民举安。王庶几改之!予日望之!予岂若是小丈夫然哉?谏于其君而不受,则怒,悻悻然[8]见[9]于其面,去则穷日之力而后宿哉?”

尹士闻之,曰:“士诚小人也。”

[注释] ① 干泽:求取官禄。干,求取。 ② 濡滞:粘泥带水。 ③ 兹不悦:是“不悦兹”的倒装,对这事不高兴。 ④ 浩然:像水流奔腾不可止息的样子。 ⑤ 虽然:即使如此。 ⑥ 由:通“犹”。 ⑦ 足用:足以。 ⑧ 悻悻然:气量狭小的样子。 ⑨ 见:通“现”。

[译文] 孟子离开齐国,尹士对别人说:“没有预见到齐王不能成为商汤、周武王那样的圣人,这是孟子不够聪明的地方;预见到齐王不能成大事,然而还要到齐王身边来,那就是贪图官禄。千里而来会见齐王,彼此志趣不投而又离开,在昼邑歇三宿才走,为什么这样慢腾腾的呢?我对这一点很不高兴。”

高子把这话告诉了孟子。

孟子说:“那个尹士怎能了解我呢?千里而来与齐王相见,这是我的愿望;但彼此志趣不投又走了,难道是我的愿望吗？我实在是不得已才这么做的。我在昼邑歇了三宿才走，心里还以为太快了，（当时我想，）齐王也许会改变态度的；如改变了，他会把我召回。但我离开昼邑后，他并没有追回我，这样我才有了坚决回去的念头。尽管这样，我难道想抛弃齐王吗？我认为齐王还是足可以好好做一番事业的；他如果能用我，岂止齐国的老百姓享受安乐，天下的老百姓也都会共享太平。齐王也许会改变态度，我每天都盼望着！我难道是这样的小人吗？向君主进谏没有被采纳就大发脾气，满脸怒容，离开的时候非要狂奔到精疲力竭才肯罢休吗？”

尹士听说后，感叹道：“我真是个小人！”

［原文］

4·13　孟子去齐，充虞路问曰：“夫子若有不豫色[①]然。前日虞闻诸夫子曰：‘君子不怨天，不尤人。’”

曰：“彼一时，此一时也。五百年必有王者兴，其间必有名世者。由周而来，七百有余岁矣。以其数，则过矣；以其时考之，则可矣。夫天未欲平治天下也，如欲平治天下，当今之世，舍我其谁也？吾何为不豫哉？”

［注释］

① 不豫色：不高兴的脸色。

［译文］

孟子离开齐国，充虞在途中问他：“先生好像有点不高兴的样子，以前我听您说过：‘君子不埋怨天，不责怪人。’”

孟子说：“以前是以前，现在是现在。（从历史上看，）每隔五百年就一定有圣王出现，这中间也一定会产生名震天下的人物。自周代以来，已经有七百多年了，论时间已经超过了；论时势，也该有圣王贤臣出现了。（除非）上天不想让天下太平，如想使天下太平，在当今的人世上，除了我还有谁能担此重任呢？我为什么不高兴呢？”

[原文]

4·14 孟子去齐，居休。公孙丑问曰：“仕而不受禄，古之道乎？”

曰：“非也。于崇，吾得见王，退而有去志，不欲变，故不受也。继而有师命[①]，不可以请。久于齐，非我志也。”

[注释]

① 有师命：有战事。

[译文]

孟子离开齐国，住在休这个地方。公孙丑问他：“做官却不接受俸禄，这是古人的规矩吗？”

孟子说：“不是。在崇地我见到了齐王，但回来后却产生了离开他的念头，并不愿改变这个想法，所以不接受他的俸禄。接着齐国要打仗，便没有机会申请离去。长期留在齐国，并不是我的愿望。”

卷五　滕文公章句上

凡五章

[原文]

5·1　滕文公为世子[1]，将之楚，过宋而见孟子。孟子道性善，言必称尧、舜。

世子自楚反，复见孟子。孟子曰："世子疑吾言乎？夫道一而已矣。成覸谓齐景公曰：'彼，丈夫也；我，丈夫也；吾何畏彼哉？'颜渊曰：'舜，何人也？予，何人也？有为者亦若是。'公明仪曰：'文王，我师也；周公岂欺我哉？'今滕，绝长补短[2]，将五十里也，犹可以为善国。《书》曰：'若药不瞑眩[3]，厥疾不瘳[4]。'"

[注释]

① 世子：太子。　② 绝长补短：是当时丈量国土面积时的习惯做法，取长补短，将土地拼成正方形。　③ 瞑眩：使人头晕目眩。　④ 瘳：病愈。

[译文]

滕文公做太子时，要出使楚国，路过宋国时便拜会了孟子。孟子向他阐述人性善的道理，开口闭口总不离尧、舜。

太子从楚国回来，又来看望孟子。孟子对他说："太子您怀疑我的话吗？其实真理只有一条。成覸对齐景公说：'他是男子汉大丈夫，我也是男子汉大丈夫，我为什么要畏惧他呢？'颜渊也说过：'舜是什么样的人呢？我是什么样的人呢？一个有所作为的人应该像舜那样。'公明仪曾经说：'文王是我的老师，周公难道会欺骗我吗？'现在的滕国，如果将土地截长补短，方圆将近五十里，还是可以建设成一个美好的国家的。

《尚书》上说：‘如果一种药物不能使人产生头晕目眩的感觉，是治不好那种病的。’”

[原文]

5·2 滕定公薨。世子谓然友曰：“昔者孟子尝与我言于宋，于心终不忘。今也不幸至于大故[①]，吾欲使子问于孟子，然后行事。”

然友之邹，问于孟子。

孟子曰：“不亦善乎！亲丧，固所自尽也。曾子曰：‘生，事之以礼；死，葬之以礼，祭之以礼，可谓孝矣。’诸侯之礼，吾未之学也。虽然，吾尝闻之矣。三年之丧，齐疏之服[②]，饘粥[③]之食，自天子达于庶人，三代共之。”

然友反命，定为三年之丧。父兄百官皆不欲，曰：“吾宗国[④]鲁先君莫之行，吾先君亦莫之行也，至于子之身而反之，不可。且《志》[⑤]曰：‘丧祭从先祖。’曰：‘吾有所受之也。’”

谓然友曰：“吾他日未尝学问，好驰马试剑。今也父兄百官不我足也，恐其不能尽于大事，子为我问孟子。”

然友复之邹问孟子。

孟子曰：“然，不可以他求者也。孔子曰：‘君薨[⑥]，听于冢宰[⑦]。歠[⑧]粥，面深墨[⑨]，即位而哭，百官有司莫敢不哀，先之也。’上有好者，下必有甚焉者矣。君子之德，风也；小人之德，草也。草尚之风，必偃[⑩]。是在世子。”

然友反命。

世子曰："然。是诚在我。"

五月居庐[11]，未有命戒。百官族人可，谓曰知。及至葬，四方来观之，颜色之戚，哭泣之哀，吊者大悦。

［注释］

①大故：重大的事故。　②齐疏之服：用粗布做成的丧服的上衣和下裳，缝了边。　③飦粥：飦，稠粥。粥，稀粥。　④宗国：一姓的诸侯国中，始封国时辈分较长的一国为其他同姓诸侯国的宗国。　⑤《志》：忖度文意，应是记载古代礼仪制度的书籍。　⑥薨：君王逝世。　⑦冢宰：首相。　⑧歠：啜饮。　⑨深墨：深黑色。　⑩偃：倒卧。　⑪五月居庐：诸侯王死后，他的子弟要在"凶庐"中守丧五个月。

［译文］

滕定公去世了，太子对他的老师然友说："以前在宋国，孟子曾跟我交谈，我一直没有忘记他的话。现在我不幸遭遇父丧，我想让您去请教孟子，然后再办理丧事。"

然友便去邹国向孟子讨教。

孟子说："（太子能这样做）很好啊！父母的丧事，本应是孝子应尽心竭力的。曾子说过：'父母在世的时候，应按照礼仪的规定去侍奉；父母去世了，也应按照礼仪的规定去安葬、祭祀。这样就算尽了孝道了。'关于诸侯的丧葬礼仪，我虽然不曾学习，但却听说过：丧礼的期限为三年，要穿缝了边的粗布孝服，喝着稀饭，上自天子下至平民百姓，夏、商、周三代都是如此。"

然友回去向太子复命，于是决定守孝三年。但滕国的父老和朝中百官都不愿意，说："我们的宗国鲁国的历代君主都没有实行过三年之丧，我们的先君也没有实行过，现在到了太子这一辈却要改变传统的做法，这是不妥的。况且《志》中说：'葬礼与祭礼应依照祖先的规矩。'我们可以说：'我们是按照前代的遗规办事。'"

太子对然友说:"我以往不曾研究过学问,只是喜欢跑马击剑。现在国内父老和朝中百官对我的做法都很不满意,我担心自己对丧礼不能尽心竭力,您代我再去问问孟子吧!"

然友再次去邹国向孟子请教。

孟子说:"是的,这件事是不能求助于别人的。孔子曾经说:'君主去世,太子要把朝政委托给首相,自己喝着稀饭,(伤心得)面目深黑,就临孝子之位便大声痛哭,这样大小官吏就没有人敢不表示悲哀的,这是因为太子带头做了。'居于上位的人爱好什么,那么下面的人一定更加爱好。君子的德行好像风,小人的德行如同草。风吹向何方,草就倒向何方。这件事完全取决于太子。"

然友回去向太子汇报。

太子说:"对,这件事应当由我决定。"

太子在丧庐中居住了五个月,在此期间没有发布过任何号令。朝中百官和公族都很满意,认为他懂得礼仪。等到举行葬礼的时候,四面八方的人都来观看,太子的面容非常悲伤,哭泣的时候也格外哀痛,所有参加葬礼的人都很满意。

[原文]

5·3 滕文公问为国。

孟子曰:"民事不可缓也。《诗》云:'昼尔于茅①,宵尔索绹②;亟其乘屋③,其始播百谷。'民之为道也,有恒产者有恒心,无恒产者无恒心。苟无恒心,放辟邪侈④,无不为已。及陷乎罪,然后从而刑之,是罔民⑤也。焉有仁人在位罔民而可为也?是故贤君必恭俭礼下,取于民有制。阳虎曰:'为富不仁矣,为仁不富矣。'

“夏后氏五十而贡，殷人七十而助，周人百亩而彻，其实皆什一[⑥]也。彻者，彻也。助者，藉也。龙子曰：‘治地莫善于助，莫不善于贡。’贡者，挍数岁之中以为常。乐岁，粒米狼戾[⑦]，多取之而不为虐，则寡取之；凶年，粪其田而不足，则必取盈焉。为民父母，使民盻盻然[⑧]，将终岁勤动，不得以养其父母，又称贷而益之，使老稚转乎沟壑，恶在其为民父母也？夫世禄，滕固行之矣。《诗》云：‘雨我公田，遂及我私。’惟助为有公田。由此观之，虽周亦助也。

“设为庠序学校以教之。庠者，养也[⑨]。校者，教也。序者，射也。夏曰校，殷曰序，周曰庠；学则三代共之，皆所以明人伦也。人伦明于上，小民亲于下。有王者起，必来取法，是为王者师也。

“《诗》云：‘周虽旧邦，其命惟新。’文王之谓也。子力行之，亦以新子之国！”

使毕战问井地[⑩]。

孟子曰：“子之君将行仁政，选择而使子，子必勉之！夫仁政，必自经界[⑪]始。经界不正，井地不钧，谷禄不平，是故暴君汙吏必慢其经界。经界既正，分田制禄可坐而定也。

“夫滕，壤地褊小，将为[⑫]君子焉，将为野人[⑬]焉。无君子，莫治野人；无野人，莫养君子。请野九一而助，国中什一使自赋。卿以下必有圭田，圭田[⑭]五十亩，余夫二十五亩。死徙无出乡，乡田同井，出入相友，守望相助，疾病相扶持，则百姓亲睦。

方里而井，井九百亩，其中为公田。八家皆私百亩，同养公田。公事毕，然后敢治私事，所以别野人也。此其大略也。若夫润泽之，则在君与子矣。”

［注释］ ① 茅：名词作动词用，割茅草。 ② 索绹：搓绳索。 ③ 亟其乘屋：急急修治茅屋。亟，急忙。乘，修理。 ④ 放辟邪侈：性情放荡乖僻，不知节俭。 ⑤ 罔民：网罗陷害百姓。罔，通“网”。 ⑥ 什一：十分之一的税收。 ⑦ 狼戾：满地狼藉。 ⑧ 盻盻然：勤苦不得休息的样子。 ⑨ 庠者，养也：这一句和下面的两句都是用“声训”的方法来解释词义。 ⑩ 井地：即井田。 ⑪ 经界：划分田界。 ⑫ 为：有。 ⑬ 野人：劳动人民。 ⑭ 圭田：供祭祀用的田产。

［译文］ 滕文公向孟子请教治国的方略。

孟子说：“关心老百姓是刻不容缓的。《诗经》中说：‘白天割茅草，晚上搓绳索，赶紧修房舍，按时播五谷。’老百姓的一般情形是：有固定的产业和收入的人便有稳定的道德观念和行为方式，没有固定的产业和收入的人便没有稳定的道德观念和行为方式。假如缺乏稳定的道德观念和行为方式，就会违法乱纪，干尽坏事。等到他们犯了罪，再加以刑罚，这等于撒下罗网陷害老百姓。哪有仁爱的君主干这种事情呢？所以贤明的统治者一定要为人谨慎、生活俭朴、礼贤下士，向老百姓征收赋税有恰当的规定。阳虎说过：‘要发财就不能施行仁爱，要施行仁爱就不能发财。’

“夏代每户五十亩地，赋税采用‘贡’法；殷代每家七十亩地，赋税用的是‘助’法；周代每家一百亩地，赋税实行的是‘彻’法，（虽然税制不同，）但都是十分之一的税率。所谓‘彻’，就是‘通’，（因为这是在对不同情况实行通盘权衡后征收十分之一的税率；）所谓‘助’，就是借助（，因为这是借助百姓的力量耕种公田)。龙子说:‘土地的税制没有比助法更好的,也没有比贡法更糟的。’所谓贡法,就是比较几年的收成,得出一个常数(,不管是丰年还是灾年都要按这个数字征收赋税)。好年成粮食遍地皆是,多征收一些谈不上暴虐,但却征得很少;坏年成所收获的粮食还抵不上来年肥田的费用,但却一定要交足这个数字。作为百姓父母的国君,却使民众终年辛勤劳苦,结果连自己的父母都不能供养,还要借高利贷补足赋税,最终使一家老小抛尸山沟,那么,作为百姓父母的实际作用又体现在哪儿呢?大官僚都有固定的田租收入并且子孙相承,这种‘世禄’制度滕国早已实行了。《诗经》中说:‘上天先把雨水洒向公田,然后再沾溉私田!’只有助法才有所谓的公田。从这两句诗看,就是周代也是实行助法的。

“(生活问题基本解决,)就要创办‘庠’、‘序’、‘学’、‘校’这样的机构来教化民众。所谓‘庠’是教养的意思,‘校’是教育的意思,‘序’是陈列的意思,(即通过陈列实物获得感性知识。对于乡学,)夏代称‘校’,商代称‘序’,周代称‘庠’;至于国家设立的大学,三代都称为‘学’。但不管乡学,还是大学,都是为了阐明人与人之间的各种关系及行为规范。诸侯卿大夫和士阶层明白了这种关系和规范,平民百姓自然便会亲密无间。如果有奉行王道的人出现,便一定会前来效法,这样就成了奉行王道的人的老师了。

“《诗经》中说:‘岐周虽然是一个历史悠久的国家,但上天却使它充满新的生机。’这两句诗是歌颂文王的。您努力推行吧,也使您的国家面貌焕然一新!”

滕文公让毕战向孟子请教井田制。

孟子说:“您的君主要施行仁政,选用您来向我咨询,您可要完满地完成使命!实行仁政一定要从规划地界开始。地界划分不好,井田的大小就不均衡,作为官僚俸禄的田租收入也不会公平，所以暴虐的君主和贪官污吏一定要将地界搞得混乱不清。地界划分正确，给老百姓分配田地，为官吏制定俸禄，都可以轻松地决定了。

“滕国的土地狭窄，但也有官吏和民众。没有官吏就管理不了民众，没有民众也养不活官吏。我建议在郊野实行九分之一的助法，在城市实行十分之一的贡法。公卿以下的官吏一定要配给供祭祀用的圭田，每户五十亩；剩余劳动力每人再配给二十五亩。死葬和搬迁都不背井离乡，耕种同一井田的，平常出入能互相友爱，防御盗贼能互相帮助，遇到疾病也能彼此照料，那么，老百姓就能相亲相爱，和睦共处了。每一平方里土地为一个井田，每一个井田共九百亩，中间一百亩是公田，另外八百亩分给八家，这八家要共同耕种公田，先把公田的事务做完，然后才能耕种私田。这样做是为了使老百姓与官吏有所区别。这只是井田制的大概情形，至于如何完善它，那就要依靠您的君主和您自己了。”

［原文］

5·4 有为神农之言者[①]许行，自楚之滕，踵门而告文公曰：“远方之人闻君行仁政，愿受一廛而为氓。”

文公与之处。其徒数十人，皆衣褐，捆屦、织席以为食。

陈良之徒陈相与其弟辛负耒耜[②]而自宋之滕，曰：“闻君行圣人之政，是亦圣人也，愿为圣人氓。”

陈相见许行而大悦，尽弃其学而学焉。

陈相见孟子，道许行之言曰：“滕君则诚贤君也。虽然，未闻道也。贤者与民并耕而食，饔飧[③]而治。今也滕有仓廪府库，则是厉民[④]而以自养也，恶得贤？”

孟子曰：“许子必种粟而后食乎？”

曰：“然。”

“许子必织布然后衣乎？”

曰：“否。许子衣褐。”

“许子冠乎？”

曰：“冠。”

曰：“奚冠？”

曰：“冠素。”

曰：“自织之与？”

曰：“否。以粟易之。”

曰：“许子奚为不自织？”

曰：“害于耕。”

曰：“许子以釜甑爨[5]，以铁耕乎？”

曰：“然。”

“自为之与？”

曰：“否。以粟易之。”

“以粟易械器者，不为厉陶冶；陶冶亦以其械器易粟者，岂为厉农夫哉？且许子何不为陶冶，舍[6]皆取诸其宫中而用之？何为纷纷然与百工交易？何许子之不惮烦？”

曰：“百工之事固不可耕且为也。”

“然则治天下独可耕且为与？有大人之事，有小人之事。且一人之身，而百工之所为备，如必自为而后用之，是率天下而路[7]也。故曰或劳心，或劳力；劳心者治人，劳力者治于人；治于人者食人，治人者食于人，天下之通义也。

“当尧之时，天下犹未平，洪水横流，氾滥于天下，草木畅茂，禽兽繁殖，五谷不登[8]，禽兽偪[9]人，兽蹄鸟迹之道交于中国。尧独忧之，举舜而敷[10]治焉。舜使益掌火，益烈山泽而焚之，禽兽逃匿。禹疏九河，瀹济、漯而注诸海，决汝、汉，排淮、泗而注之江，然后中国可得而食也。当是时也，禹八年于外，三过其门而不入，虽欲耕，得乎？

“后稷教民稼穑，树艺[11]五谷。五谷熟而民人育。人之有道也，饱食、暖衣、逸居而无教，则近于禽兽。圣人有忧之，使契为司徒，教以人伦：父子有亲，君臣有义，夫妇有别，长幼有叙，朋友有信。放勋曰：‘劳之来之，匡之直之，辅之翼之，使自得之，又从而振德之。’圣人之忧民如此，而暇耕乎？

“尧以不得舜为己忧，舜以不得禹、皋陶为己忧。夫以百亩之不易[12]为己忧者，农夫也。分人以财谓之惠，教人以善谓之忠，为天下得人者谓之仁。是故以天下与人易，为天下得人难。孔子曰：‘大哉尧之为君！惟天为大，惟尧则之，荡荡乎民无能名焉！君哉舜也！巍巍乎有天下而不与焉！’尧、舜之治天下，岂无所用其心哉？亦不用于耕耳。

“吾闻用夏变夷者，未闻变于夷者也。陈良，楚产也，悦周公、仲尼之道，北学于中国。北方之学者，未能或之先也。彼所谓豪杰之士也。子之兄弟事之数十年，师死而遂倍[13]之！昔者孔子没，三年之外，门人治任[14]将归，入揖于子贡，相乡[15]而哭，皆失声，然后归。子贡反，筑室于场，独居三年，然后归。他日，子夏、子张、子游以有若似圣人，欲以所事孔子事之，强曾子。曾子曰：‘不可，江、汉以濯[16]之，秋阳以暴[17]之，皜皜[18]乎不可尚已。’今也南蛮鴃[19]舌之人，非先王之道，子倍子之师而学之，亦异于曾子矣。吾闻出于幽谷迁于乔木者，未闻下乔木而入于幽谷者。《鲁颂》曰：‘戎狄是膺，荆舒是惩[20]。’周公方且膺之，子是之学，亦为不善变矣。”

“从许子之道，则市贾[21]不贰，国中无伪。虽使五尺之童适市，莫之或欺。布帛长短同，则贾相若；麻缕丝絮轻重同，则贾相若；五谷多寡同，则贾相若；屦大小同，则贾相若。”

曰：“夫物之不齐，物之情也。或相倍蓰[22]，或相什百，或相千万。子比而同之，是乱天下也。巨屦小屦同贾，人岂为之哉？从许子之道，相率而为伪者也，恶能治国家？”

［注释］

① 为神农之言者：信奉以许行为代表的农家学派的人。 ② 耒耜：古代的农具。 ③ 饔飧：早饭叫“饔”，晚饭叫“飧”。这里作动词，统称做饭。 ④ 厉民：损害百姓。 ⑤ 爨：炊饭。 ⑥ 舍：何物。 ⑦ 路：通“露”，败。 ⑧ 登：丰收。 ⑨ 偪：通“逼”。 ⑩ 敷：遍。 ⑪ 树艺：种植。 ⑫ 易：耕治。 ⑬ 倍：通“背”，背叛。 ⑭ 任：担负。这里用作名词，担负的行李。 ⑮ 乡：通“向”。 ⑯ 濯：洗濯。 ⑰ 暴：通“曝”，曝晒。 ⑱ 皜皜：洁白耀眼的样子。 ⑲ 鴃：伯劳鸟。 ⑳ 戎狄是膺，荆舒是惩：这两句都是倒装，即“膺戎狄，惩荆舒”。是，表示倒装。膺，打击。 ㉑ 贾：通“价”。 ㉒ 蓰：五倍。

［译文］ 有一位研究神农氏学说的学者叫许行的，从楚国来到滕国，登门拜见滕文公，说："我这个从远方来的人听说您要推行仁政，希望能给我安排一个住地，做您的百姓。"

于是文公给了他一所房屋。

许行的几十个门徒，都穿着粗劣的麻布衣服，以编草鞋织席子维持生活。

陈良的门徒陈相和他弟弟陈辛也背着农具从宋国来到滕国，对文公说："听说您要实行圣人的政教，如此看来您也是圣人了，我们愿意做圣人的子民。"

陈相见了许行后十分高兴，完全抛弃了原先的学问而师从许行。

陈相拜见孟子，重申许行的话说："滕君的确是一位贤明的君主。尽管如此，还没有真正懂得为君之道。贤能的人应和百姓一道耕种以获得食物，自己动手做饭并同时管理国家大事。如今滕国有粮仓财库，这是损害百姓以奉养自己，怎么谈得上贤明呢？"

孟子说："许子一定要亲自种庄稼然后才吃饭吗？"

陈良回答说："是的。"

孟子又说："许子一定要自己织布然后才穿衣服吗？"

陈良说："不，许子穿用粗麻织成的衣服。"

孟子接着说："许子戴帽子吗？"

陈良说："戴的。"

孟子又说："戴什么帽子呢？"

陈良回答道："戴白绢制成的帽子。"

孟子问道："这帽子是他自己织的吗？"

陈良说："不，是用粮食换来的。"

孟子问："许子为什么不自己织呢？"

陈相说："他怕耽误庄稼活。"

孟子又问："许子用锅甑烧饭，用铁器耕田吗？"

陈相说："是的。"

孟子说："这些是他自己制造的吗？"

陈相说："不，也是用粮食换来的。"

孟子说："农民用粮食换取锅甑和农具，不能说对瓦工和铁匠有什么损害；那么，瓦工和铁匠用锅甑和农具换取粮食，难道就损害农夫了吗？而且许子为什么不亲自制陶炼铁，把所有的物件都储备在家中以便随时取用呢？为什么他那样频繁地去和各种工匠交换？为什么他如此不嫌麻烦呢？"

陈相说："各种工匠的活儿本来就不是在耕地的同时干得了的。"

孟子说："难道唯独在治理天下的同时就能耕种吗？官吏有官吏的职责，百姓有百姓的工作，况且对一个人来说，工匠的产品是不能少的，如果非要自己制造的东西才可以使用，这如同是带领天下的人长途跋涉，疲于奔命。因此说，有的人从事脑力劳动，有的人从事体力劳动；从事脑力劳动的人统治人，从事体力劳动的人受人统治；被统治的人养活别人，统治的人靠人奉养，这是天下通行的法则。

"唐尧做天子的时候，天下还没有安定，大水横流，到处泛滥，草木疯长，禽兽大量繁殖，谷物却没有什么收成。凶禽猛兽危害人民，它们的足迹遍布中原。这时候只有尧为此忧虑，他把舜推举出来统领治理工作。舜让益担任火正官，益便把山野水泽的草木焚烧掉，禽兽无栖身之地就四处逃散。禹疏浚九条河道，治理济水和漯水，使之流入大海；挖掘汝水和汉水，排泄淮水和泗水，把它们引入长江。在此之后中原大地才能耕种庄稼，解决吃饭问题。这个时候，禹在外奔波八年，曾经三次路过家门却没有进去。这样，即使他想亲自耕种，行吗？

“后稷教导百姓种植庄稼，培育五谷。谷物成熟了，便能养育百姓。人类的生活有一定的规则，吃饱了，穿暖了，住得也很舒适，但如果不对他们进行教化，那么就和禽兽差不多。因此圣人对此很感忧虑，让契做了司徒，（专门掌管教化，）教育百姓明了人与人之间的各种关系及其行为规范：父子之间相互亲爱，君臣之间讲究礼义，夫妇之间要有内外之别，长幼之间要有尊卑，朋友之间要彼此诚实。放勋说：‘督促他们，纠正他们，协助他们，使他们各得其所，然后在困难的时候再拯救他们以施恩泽。’圣人如此为百姓忧虑，怎么有空余时间去耕种呢？

“尧把不能得到舜这样的人视为自己的烦恼，舜把不能得到大禹和皋陶这样的人视为自己的忧虑。为百亩田地没有耕种好而心怀忧虑的是农民。把财物分给别人叫做惠，教导别人与人为善叫做忠，为治理天下而物色杰出的人才叫做仁。因此，把天下让给别人是容易做到的，而为治理天下物色杰出的人才则是比较困难的。孔子说：“尧作为一个帝王确实了不起！只有上天是伟大的，也只有尧能效法它，他的恩德浩瀚无边，以致他的子民竟找不到恰当的语言歌颂他！舜作为一个君主真了不起！他君临天下高高在上，却仿佛这一切与他无关！’尧、舜治理天下，难道没有尽心竭力吗？只是他们没有把心思用在耕种上罢了。

“我只听说用华夏的典章制度去同化落后民族，却没有听说用落后民族的习俗同化华夏民族的事。陈良是楚国人，却乐于信奉周公和孔子的学说，所以到北方来向中国学习，北方的学者还没有超过他的，他是真正的杰出人物。你们兄弟追随他几十年，可老师一去世，你们便马上背叛了他！从前，孔子逝世，（他的门徒守孝三年，）三年之后，门徒们便打点行李准备回去。他们走进子贡的住处和他行礼告别，相对哭泣，语不成声，然后踏上归涂。但子贡又回到了墓地，建筑房室，独自住了三年，然后才回去。过了一段时间，子夏、子张、子游以为有若的长相很像孔子，便想用当年侍奉孔子的礼节去侍奉他，并强迫曾子同意。曾子说：'不行。就像在江汉的水中洗濯过，在夏天的阳光下曝晒过，真可谓皎洁得无以复加。（谁又能与老师相比呢？）'现在许行这样的南方蛮子，说话如同伯劳怪叫，却来指责我们先王的典章制度，而你竟背叛自己的老师跟他学习，这和曾子显然不同。我听说鸟总是想从幽暗的山谷迁移到高大的树木上栖息的，但没有听说愿意离开高大的树木飞往幽暗的山谷的。《鲁颂》中说：'攻打夷狄，严惩荆舒。'（楚国这样的蛮野之地）周公都要讨伐，你却要向许行学习，这也真是越变越糟糕了。"

陈相说："依照许子的学说，那么市场物价就会公平一致，国内无人弄虚作假，即使让儿童去市场买东西，也不会有人欺骗他。布匹和丝绸的长短一致，价钱就相同；麻线和丝绵的轻重一致，价钱就相等；谷物的多少一致，价钱就相差无几；鞋子的大小相同，价钱就悬殊不大。"

孟子说："货物的品种质量不同，这是客观情况；（它们的价格）有的相差一倍到五倍，有的相差十倍到百倍，有的相差千倍到万倍。你进行比较并要整齐划一，这是扰乱天下的行为。精致的鞋子和粗劣的鞋子卖同样的价钱，难道人们愿意这样做吗？如果依照许子的办法，那才是带领人们去弄虚作假，哪能治理好国家呢？"

［原文］

5·5　墨者①夷之因徐辟而求见孟子。孟子曰："吾固愿见，今吾尚病，病愈，我且往见，夷子不来！"他日，又求见孟子。孟子曰："吾今则可以见矣。不直则道不见[②]，我且直之。吾闻夷子墨者，墨之治丧也，以薄为其道也。夷子思以易天下，岂以为非是而不贵也。然而夷子葬其亲厚，则是以所贱事亲也。”

徐子以告夷子。夷子曰：“儒者之道，古之人若保赤子[③]，此言何谓也？之则以为爱无差等，施由亲始。”

徐子以告孟子。孟子曰：“夫夷子信[④]以为人之亲其兄之子为若亲其邻之赤子乎？彼有取尔也。赤子匍匐将入井，非赤子之罪也。且天之生物也，使之一本，而夷子二本故也。盖上世尝有不葬其亲者，其亲死，则举而委之于壑。他日过之，狐狸食之，蝇蚋姑[⑤]嘬之。其颡[⑥]有泚[⑦]，睨[⑧]而不视。夫泚也，非为人泚，中心达于面目，盖归反蔂梩[⑨]而掩之。掩之诚是也，则孝子仁人之掩其亲，亦必有道矣。”

徐子以告夷子。夷子怃然[⑩]为间[⑪]，曰：“命[⑫]之[⑬]矣。”

［注释］

① 墨者：信奉墨家学说的人。下面提到的薄葬、爱无差等，是墨家学说的重要主张。 ② 见：通“现”，表现出来。 ③ 赤子：初生的婴儿。 ④ 信：果真。 ⑤ 姑：通“盬”，咀嚼。 ⑥ 颡：额头。 ⑦ 泚：汗渍。 ⑧ 睨：斜视。 ⑨ 蔂梩：名词作状语，用土筐和锸作工具。 ⑩ 怃然：惆怅失落的样子。 ⑪ 间：一段时间。 ⑫ 命：教导。 ⑬ 之：指代夷子。

［译文］

墨家的信徒夷之通过徐辟的关系要见孟子。孟子说：“我本愿意接见，但我现在还在患病，等我的病痊愈了，会去看望他的,夷子就不必来了!”过了些时候,夷子又要求会见孟子。孟子说:“现在我可以见他了。不过,不说实话就反映不出真理,我姑且直来直去吧。我听说夷子是墨家的信徒,而墨家办理丧事,是奉行节俭的;夷子试图以薄葬改变天下的习俗,自然认为不如此是不足以显示出尊贵的。但夷子却厚葬他的父母,那就是用他所轻视的东西对待他的双亲了。”

徐子把孟子的看法告诉了夷子。夷子说:“儒家的学说认为,古代的帝王爱护百姓就像爱护婴儿一样,这句话是什么含义呢?我认为指的是爱无差别,只是施行的时候要从自己的父母开始。”

徐子又把夷子的话告诉了孟子。孟子说:“夷子真的认为人们怜爱他的侄儿和怜爱邻居的婴儿是一样的吗?他只是抓住了这种事实:婴儿在地上爬着快要掉到井里去了,这当然不是婴儿的罪过。(在这种情况下,任何人都会伸出救助之手,夷子便认为这是爱无差别,其实这只是恻隐之心的流露而已。)况且天生万物只有一个本源,(对人而言就是父母;)而夷子却认为有两个本源,(认为自己的父母与他人的父母没有区别,)这就是问题的关键。大概在上古时代,曾有过不葬双亲的人,父母死了便把他们的遗体抬走抛到山沟里,后来路过那里,见狐狸吃着,蚊蝇叮着。(自己见了非常难过,)不由得额头冒汗,斜眼望去而不敢正视。那人额头上的汗不是流给别人看的,而是内心的悔恨在外表的流露,这样他就可能回家拿了锄头和畚箕把尸体掩埋了。掩埋实在是对的。由此看来,孝子仁人埋葬他的父母,也是有一定的道理的。”

徐子把孟子的话告诉了夷子。夷子心中茫然若失,过了一会儿说道:“我领教了。”

卷六　滕文公章句下

凡十章

[原文]

6·1　陈代曰："不见诸侯，宜若小然。今一见之，大则以王，小则以霸。且《志》曰：'枉尺而直寻①'，宜若可为也。"

孟子曰："昔齐景公田，招虞人以旌②，不至，将杀之。志士不忘在沟壑，勇士不忘丧其元③。孔子奚取焉？取非其招不往也。如不待其招而往，何哉？且夫枉尺而直寻者，以利言也。如以利，则枉寻直尺而利，亦可为与？昔者赵简子使王良④与嬖奚⑤乘，终日而不获一禽。嬖奚反命曰：'天下之贱工也。'或以告王良。良曰：'请复之。'强而后可，一朝而获十禽。嬖奚反命曰：'天下之良工也。'简子曰：'我使掌与女⑥乘。'谓王良。良不可，曰：'吾为之范我驰驱⑦，终日不获一；为之诡遇⑧，一朝而获十。《诗》云："不失其驰，舍矢如破⑨。"我不贯与小人乘，请辞。'御者且羞与射者比，比而得禽兽，虽若丘陵，弗为也。如枉道而从彼，何也？且子过矣！枉己者，未有能直人者也。"

[注释]

① 枉尺而直寻：枉，使……弯曲。直，使……伸展。寻，八尺为一寻。　② 昔齐景公田，招虞人以旌：孟子在这里援引了一个那时候很有名的故事，所以省略了某些情节。齐景公打猎时，用旌去召唤猎场的管理员。但根据当时的礼制，召唤大夫用旌，召唤士用弓，召唤猎场管理员用皮币。因为齐景公没有按照礼制来办事，所以猎场的管理员没有应

召。孔子听说后，对猎场管理员大加赞赏。虞人，猎场管理员。　③ 元：头颅。　④ 王良：当时以善御——擅长驾驶马车著称的人。　⑤ 嬖奚：嬖，受到宠幸的小人。奚是他的名字。　⑥ 女：通“汝”。　⑦ 范我驰驱：当时驾驶马车有一定的规范，马车不能奔出既定的轨道，马的奔跑也应该合乎一定的节奏。范，使……合乎规范。　⑧ 诡遇：不依法驾驶。和上面的“范我驰驱”正相反。　⑨ 舍矢如破：一放箭就能破的。舍，放。

［译文］

陈代说：“不去拜见诸侯，好像是太拘泥于小节了。如今一去拜见他们，上则可以统一天下，推行仁政；下则可以富国强兵，称霸中国。况且《志》上说：‘屈折一尺而能伸展八尺。’（相比较而言，）似乎还是可以这样做的。”

孟子说：“从前齐景公田猎，用饰有羽毛的旌旗召唤猎场管理人员，管理人员不去，景公就要杀掉他。（可是这位管理人员并不畏惧，因此受到孔子的赞扬。）因为有志之士（保持操守，不畏杀戮，）抛尸山沟；勇敢的人（临危不惧，）不怕掉脑袋。对于这位管理员孔子取他哪一点呢？就是取他不合礼仪的召唤决不前往（这种正当的行为）。假如我不等诸侯以礼相召，便去拜见他们，那又怎么样呢？所谓屈折一尺而能伸展八尺，完全是就功利而言的。如果从功利的角度考虑问题，屈折八尺伸展一尺也有利可图，难道这种事也可以干么？从前赵简子让王良替他的宠臣叫奚的驾车打猎，但一整天没打到一只鸟。奚向赵简子回报说：‘王良是天下最蹩脚的驾车者。’有人把这话告诉王良。王良说：‘请让我再干一次吧。’奚被勉强劝说后才答应，一个早晨便打了十只鸟。奚又向赵简子回报说：‘王良是天下技艺精湛的驾车者。’赵简子说：‘那么我就让他给你驾车。’赵简子便告诉王良，但王良不同意，说道：‘我按照规矩为他赶车奔驰，但一整天打不到一只鸟；可违反常规驾车，却能在一个早晨打了十只。《诗经》上说：“按照规矩奔驰，箭一发便可中目标。”我不习惯替小人驾车，请允许我辞去这份工作。’一个驾车者尚且以同不体面的射手合作为耻辱，虽然得到的禽兽堆积如山，也不屑去干。假如我们扭曲自己的志向去追随诸侯，那又是为什么呢？况且你错了，（要记住：）扭曲自己的人，从来没有能够使别人正直的。”

［原文］

6·2 景春曰：“公孙衍、张仪岂不诚大丈夫哉？一怒而诸侯惧，安居而天下熄。”

孟子曰：“是焉得为大丈夫乎？子未学礼乎？丈夫之冠[①]也，父命之；女子之嫁也，母命之，往送之门，戒之曰：‘往之女[②]家，必敬必戒，无违夫子！’以顺为正者，妾妇之道也。居天下之广居，立天下之正位，行天下之大道[③]；得志，与民由之；不得志，独行其道。富贵不能淫，贫贱不能移，威武不能屈，此之谓大丈夫。”

［注释］

① 冠：古代男子二十岁行加冠礼，成为成年人。 ② 女：通“汝”。 ③ 居天下之广居，立天下之正位，行天下之大道：这都是比喻的说法，“天下之广居”形容“仁”，“天下之正位”形容“礼”，“天下之大道”形容“义”。

［译文］

景春说：“公孙衍、张仪这样的人难道不是真正的大丈夫吗？只要他们一发脾气，天下的诸侯都要畏惧；一旦他们安静下来，天下又会太平无事。”

孟子说：“这怎么能称得上大丈夫呢？你没有学过礼吗？男子举行加冠典礼的时候，父亲要加以训导；女子出嫁的时候，母亲要予以教诲，并送到门口，告诫女儿说：‘到你家里，一定要恭敬慎重,不要违背你的丈夫!'以顺从为准则,是妇女做人的规范。(至于男子汉,)应居住在'仁'这个天下最宽广的住宅里,站在'礼'这个天下最正确的位置上,走在'义'这个天下最光明的大道上。得志时与百姓携手共进;不得志时,要坚守自己的原则。富贵不能扰乱心志,贫贱不能改变气节,威武不能挫伤人格,这才称得上大丈夫。"

[原文]

6·3　周霄问曰:"古之君子仕乎?"

孟子曰:"仕。《传》曰:'孔子三月无君,则皇皇如①也,出疆必载质②。'公明仪曰:'古之人三月无君,则吊③。'"

"三月无君则吊,不以急乎?"

曰:"士之失位也,犹诸侯之失国家也。《礼》曰:'诸侯耕助④,以供粢盛⑤;夫人蚕缫,以为衣服。牺牲⑥不成,粢盛不絜⑦,衣服不备,不敢以祭。惟士无田,则亦不祭。'牲杀、器皿、衣服不备,不敢以祭,则不敢以宴,亦不足吊乎?"

"出疆必载质,何也?"

曰:"士之仕也,犹农夫之耕也。农夫岂为出疆舍其耒耜哉?"

曰:"晋国亦仕国也,未尝闻仕如此其急。仕如此其急也,君子之难仕,何也?"

曰:"丈夫生而愿为之有室,女子生而愿为之有家。父母之心,人皆有之。不待父母之命、媒妁之言,钻穴隙相窥,逾墙相从,则父母国人皆贱之。古之人未尝不欲仕也,又恶不由其道。不由其道而往者,与钻穴隙之类也。"

[注释] ① 皇皇如:焦虑不安的样子。 ② 质:通“贽”,礼物。按照古代的礼制,人们初次见面,一定赠送礼品,表示尊敬。 ③ 吊:安慰。 ④ 耕助:古代天子、诸侯为了表示鼓励农耕,都有“藉田”。每年孟春,率领官员象征性地耕种一下,然后就由老百姓代为耕种。助,通“藉”。 ⑤ 粢盛:黍、稷、麦、稻、梁等谷物中可以盛到器皿中的叫“粢”,已经盛到器皿中的叫“盛”。 ⑥ 牺牲:供祭祀用的牛羊。 ⑦ 絜:通“洁”,干净。

[译文] 周霄问道:“古代的君子做官吗?”

孟子答道:“做官。《传》上说:‘孔子只要三个月没有君主任用他,就心神不定,离开国境一定要带着谒见别国君主的见面礼。’公明仪说:‘古代的人如果三个月得不到君主任用,便要慰问他。’”

周霄说:“三个月得不到君主任用便去慰问,不是太急了点儿吗?”

孟子说:“士人失掉官位就像诸侯失去了国家。《礼》上说:‘诸侯参与耕种,就是为了供给祭品;夫人带头养蚕缫丝,是为了供给祭服。用来祭祀的牲畜不肥壮,谷物不洁净,祭服不完备,就不敢用来祭祀。士人如没有专供祭祀的田地,同样不敢祭祀。’牲畜、器皿、祭服没有准备好,不敢用来祭祀,也就不能举行宴会,难道这也不应该安慰吗?”

周霄又说:“离开国境一定带着见面礼,这又是为什么呢?”

孟子说:“士人做官就像农民种地,农民难道因为离开国境而会抛弃农具吗?”

周霄说:“魏国也是一个有官可做的国家,但我从没有听说过这样急于做官的。虽然如此急迫,但君子却又不轻易做官,这是为什么?”

孟子说："男孩子一出生父母便想给他找好妻室，女孩子一生下来父母便想为她找个婆家。父母的这种良苦用心，人人都有。可要是子女不经过父母同意、不通过媒人的介绍，便钻洞穴扒门缝相互偷看，甚至爬过墙头偷偷幽会，那么，父母以至社会成员都会因此而轻视他。古代的人未尝不想做官，但又厌恶违背正道而向上爬的行径。因为这种勾当与钻洞穴扒门缝之类的举动一样。"

［原文］

6·4　彭更问曰："后车数十乘，从者数百人，以传食[①]于诸侯，不以泰[②]乎？"

孟子曰："非其道，则一箪食不可受于人；如其道，则舜受尧之天下，不以为泰。子以为泰乎？"

曰："否！士无事而食，不可也。"

曰："子不通功易事，以羡[③]补不足，则农有余粟，女有余布；子如通之，则梓匠轮舆[④]皆得食于子。于此有人焉，入则孝，出则悌，守先王之道，以待后之学者，而不得食于子。子何尊梓匠轮舆而轻为仁义者哉？"

曰："梓匠轮舆，其志将以求食也；君子之为道也，其志亦将以求食与？"

曰："子何以其志为哉？其有功于子，可食而食之矣。且子食志乎？食功乎？"

曰："食志。"

曰："有人于此，毁瓦画墁[⑤]，其志将以求食也，则子食之乎？"

曰："否。"

曰："然则子非食志也，食功也。"

[注释] ① 传食:转食,在诸侯间辗转混饭吃。 ② 泰:过分。 ③ 羡:多余。 ④ 梓匠轮舆:梓人和匠人是木工,轮人和舆人是制车之工。 ⑤ 墁:本义是粉刷墙壁的工具,这里借代粉刷过的墙壁。

[译文] 彭更问孟子:“跟随的车辆几十部,侍奉的学生数百人,在各个诸侯国连续受到款待。先生这样做是否有些过分了?”

孟子说:“如果不合情理,就是一筐饭也不能接受;但如果合情合理,那么即使如舜接受尧禅让给他的天下,也不算过分。你认为过分了吗?”

彭更说:“不是这个意思。我只是认为士人光吃饭不工作是不行的。”

孟子说:“如果人们之间不互相交换劳动产品,用自己多余的东西去弥补他人的欠缺,那么,农民就会有粮食剩余,妇女就会有布匹剩余(,而别人却缺吃少穿)。如果能互通有无,那么,木匠、车工都能从你那里得到食物。现在这里有这么一个人,在家孝敬父母,在外尊重长辈,并遵守古代圣王的法规,以此培育后来的学者,但他却不能从你这里得到食物。那么,你为什么尊敬木匠、车工,却轻视这些仁义之士呢?”

彭更说:“木匠和车工他们生活的目的就是为了解决吃饭问题;君子推行圣人之道,难道也是为了吃饭吗?”

孟子说:“你为什么要谈动机呢?他们对你有功,你觉得可以给他们饭吃便给他们饭吃。况且你是根据别人的动机而供给食物,还是根据对你的贡献而供给食物呢?”

彭更说:“根据动机。”

孟子说:“有这么一个人,他打碎屋瓦,把刚刚粉刷的墙壁画得不成样子,但他的动机却是为了得到食物,这种人你给他饭吃吗?”

彭更说:“当然不给。”

孟子说:“那么,你提供食物,不是根据动机,而是根据贡献了。”

[原文]

6·5 万章问曰:“宋,小国也,今将行王政,齐、楚恶而伐之,则如之何?”

孟子曰:“汤居亳,与葛为邻。葛伯放①而不祀。汤使人问之,曰:‘何为不祀?’曰:‘无以供牺牲也。’汤使遗②之牛羊。葛伯食之,又不以祀。汤又使人问之曰:‘何为不祀?’曰:‘无以供粢盛也。’汤使亳众往为之耕,老弱馈食。葛伯率其民,要③其有酒食黍稻者夺之,不授者杀之。有童子以黍肉饷,杀而夺之。《书》曰:‘葛伯仇饷。’此之谓也。为其杀是童子而征之,四海之内皆曰:‘非富天下也,为匹夫匹妇复雠④也。’‘汤始征,自葛载⑤’,十一征而无敌于天下。东面而征,西夷怨;南面而征,北狄怨。曰:‘奚为后我?’民之望之,若大旱之望雨也。归市者弗止,芸者不变,诛⑥其君,吊其民,如时雨降。民大悦。《书》曰:‘徯我后,后来其无罚!’‘有攸不惟⑦臣,东征,绥⑧厥士女,篚厥玄黄⑨,绍我周王见休,惟臣附于大邑周。’其君子实玄黄于篚以迎其君子,其小人⑩箪食壶浆以迎其小人。救民于水火之中,取其残而已矣。《太誓》曰:‘我武惟扬,侵于之疆,则取于残,杀伐用张,于汤有光。’不行王政云尔。苟行王政,四海之内皆举首而望之,欲以为君,齐楚虽大,何畏焉?”

[注释]

① 放:放肆。 ② 遗:赠送。 ③ 要:拦截。 ④ 复雠:复仇。 ⑤ 载:开始。 ⑥ 诛:讨伐。 ⑦ 惟:为。 ⑧ 绥:安

抚。 ⑨ 篚厥玄黄：篚本义是篚筐，这里用作动词，把……放在篚筐里。玄黄本来是形容布帛的颜色，这里用来借指布帛。 ⑩ 小人：普通百姓。

［译文］

万章问：“宋国是个小国，如今想推行仁政，但齐、楚两个大国却厌恶这种做法，出兵讨伐它，怎么办呢？”

孟子说：“过去商汤居住在亳地，与葛国比邻，葛伯为人放肆，不祭祀神灵。商汤便派人问他：‘你为什么不行祭祀之礼？’葛伯回答：‘没有牛羊做祭品。’商汤便派人送去牛羊。但葛伯却把牛羊吃了，仍不祭祀。于是，商汤又派人去问他：‘为什么不祭祀？’葛伯说：‘没有祭祀用的谷物。’于是商汤派亳地的老百姓去为他耕种，年老体弱的则给耕种者送饭。但葛伯却带着他的百姓在途中拦住那些携带酒食饭菜的人，进行抢劫，不给的便杀掉。有一个小孩去给田里人送饭和肉，葛伯竟然杀害了他。《尚书》中说：‘葛伯仇恨送饭的人’，说的就是这回事。商汤正是因为葛伯杀了这个小孩而去讨伐他，所以天下的人都说：‘商汤征伐，不是贪图天下的财富，而是为黎民百姓报仇。’（《尚书》中又说：）‘商汤的征伐，是从葛国开始的。’他出征十一次，没有人能和他抗衡。出征东方，西方人便有怨言；出征南方，北方人便不高兴，说：‘为什么不先征伐我们这里？’老百姓盼望商汤就像大旱之时盼望雨水一样。（在战争的时候，）商人没有停止营业，锄地的人也没有放下锄把。杀掉暴虐的君主，安慰无辜的百姓，就像下了一场及时雨，人民非常高兴。《尚书》上说：‘等待我们君王的到来，君王来了我们就不再受苦！’又说：‘攸国不臣服，周王出师东征，去安抚那里的男男女女，他们把黑色的和黄色的丝绸捆好放在筐中，请求介绍与周王相见，获得殊荣，成为大周国的臣民。’这说明周王征伐的时候，攸国的官员把黑色的和黄色的丝绸装满筐子迎接周国的官员，攸国的老百姓则带着饭菜美酒迎接周国的士兵。由此可见周王东征只是把老百姓从水火之中解救出来，杀掉了残暴的君主罢了。《泰誓》中说：'我们的威武精神要光大发扬，一直打到邘人的疆土之上，除掉那个残暴的君主，伸张我们的杀伐之功，这比商汤还要荣光。'不推行王政便罢，如果推行王政，天下的人都会翘首以待，想拥立他为自己的君王；这样，齐、楚尽管强大，又有什么值得畏惧的呢？"

[原文]

6·6　孟子谓戴不胜曰："子欲子之王之善与[1]？我明告子。有楚大夫于此，欲其子之齐语也，则使齐人傅[2]诸[3]？使楚人傅诸？"

曰："使齐人傅之。"

曰："一齐人傅之，众楚人咻[4]之，虽日挞而求其齐也，不可得矣；引而置之庄岳之间数年，虽日挞而求其楚，亦不可得矣。子谓薛居州，善士也，使之居于王所。在于王所者，长幼卑尊皆薛居州也，王谁与为不善？在王所者，长幼卑尊皆非薛居州也，王谁与为善？一薛居州，独如宋王何？"

[注释]

① 子欲子之王之善与：第一个"之"是表示所属关系，第二个"之"是动词，趋往。　② 傅：教导。　③ 诸：是"之乎"的合音。　④ 咻：喧嚣吵闹。

[译文]

孟子对戴不胜说："你想让你的君主朝着善的方向努力吗？我可以明白地告诉你。这里有一位楚国大夫，想让他的儿子学习齐国方言，那么，是让齐国人教好呢，还是让楚国人教好呢？"

戴不胜说："当然让齐国人教。"

孟子说："一个齐国人教他，却有许多楚国人在一旁吵吵嚷嚷地干扰，在这种情况下，即使每天鞭打他，逼他说齐国话，也是办不到的。但如果把他领到临淄的庄街岳里这样的闹市区住上几年，你就是每天鞭打他，让他说楚国话，也是做不到的。你说薛居州是一位好人，让他住在王宫之中。如果王宫中的人，年长的与年幼的，地位高的与地位低的，都是像薛居州这样的好人，那么你们的君王能和谁去干坏事呢？如果王宫中的人，年长的与年幼的，地位高的与地位低的，都不是好人，那么你们的君王又能和谁去做好事呢？仅仅一个薛居州，能把宋王怎么样呢？"

［原文］

6·7 公孙丑问曰："不见诸侯，何义？"

孟子曰："古者不为臣不见。段干木逾垣而辟之，泄柳闭门而不纳，是皆已甚。迫，斯可以见矣。阳货欲见孔子而恶无礼①，大夫有赐于士，不得受于其家，则往拜其门。阳货瞰②孔子之亡③也，而馈孔子蒸豚。孔子亦瞰其亡也，而往拜之。当是时，阳货先，岂得不见？曾子曰：'胁肩谄笑，病于夏畦④。'子路曰：'未同而言，观其色赧赧然⑤，非由之所知也。'由是观之，则君子之所养，可知已矣。"

［注释］

① 阳货欲见孔子而恶无礼：这句和下面的话所说的故事，《论语·阳货篇》有记载。阳货（也叫阳虎）想叫孔子来拜见他，可孔子不买账。他就想出一个办法，趁孔子外出的时候，送了一只蒸豚到孔子家。根据当时的礼仪制度，孔子必须到阳货家道谢，如果这样，阳货的目的就达到了。孔子选择阳货外出的时候去阳货家，没想到却在路上碰到。 ② 瞰：窥伺。 ③ 亡：外出。 ④ 胁肩谄笑，病于夏畦：耸着肩膀去谄媚别人，那难受劲比夏天在菜畦里劳作还要痛苦。 ⑤ 赧赧然：惭

愧的样子。

［译文］

公孙丑问道："不愿主动地去拜见诸侯是什么意思？"

孟子说："古代有一个惯例，不是诸侯的臣子便不去拜见。（从前魏文侯去拜访段干木，）段干木却跳墙躲避；（鲁穆公去拜访泄柳，）泄柳却关起大门，不予接待。这些都做得过分了。如果对方逼着见你，也可以相见。阳货想让孔子拜访他，但又不愿失礼。（有这样一种礼节：）如果大夫赏赐给士人东西，而士人外出不能在家中亲自接受，事后便要登门拜谢。因此，当阳货打探到孔子外出时，便送给孔子一只蒸熟的小猪；孔子也打探到阳货不在家，（乘机）前去拜谢。当时，阳货先拜访了孔子，孔子难道能不去回拜！曾子说：'耸着两个肩头，装起一副谄媚的笑脸，这比盛夏在菜地里劳动还要难受。'子路说：'明明与那个人情趣不投，却要勉强同他攀谈，表现出一副惭愧的样子，我是不赞赏的。'由此就能知道君子该怎样培养自己的操守了。"

［原文］

6·8　戴盈之曰："什一，去关市之征，今兹未能，请轻之，以待来年，然后已，何如？"

孟子曰："今有人日攘①其邻之鸡者，或②告之曰：'是非君子之道。'曰：'请损之，月攘一鸡，以待来年，然后已。'如知其非义，斯速已矣，何待来年？"

［注释］

① 攘：偷盗。　② 或：有人。

［译文］

戴盈之说："实行十分之一的税率，废除关卡和市场商品的赋税，今年还做不到，打算先减轻一些，等到明年再完全实行，怎么样？”

孟子说：“比方说，现在有一个人，每天偷邻居一只鸡。有人告诉他说：‘这不是君子的行为。’这个人说：‘那么就减少一些，每月偷一只，到了明年再完全洗手不干。’如果知道这种行为不合道义，就应立即罢休，为什么要等到明年呢？”

［原文］

6·9 公都子曰：“外人皆称夫子好辩，敢问何也？”

孟子曰：“予岂好辩哉？予不得已也。天下之生久矣，一治一乱。当尧之时，水逆行，氾滥于中国，蛇龙居之，民无所定。下者为巢，上者为营窟[①]。《书》曰：‘洚水警余。’洚水者，洪水也。使禹治之。禹掘地而注之海，驱蛇龙而放之菹[②]。水由地中行，江、淮、河、汉是也。险阻既远，鸟兽之害人者消，然后人得平土而居之。

“尧、舜既没，圣人之道衰，暴君代作。坏宫室以为汙池，民无所安息；弃田以为园囿，使民不得衣食。邪说暴行又作，园囿、汙池、沛泽多而禽兽至。及纣之身，天下又大乱。周公相[③]武王诛纣，伐奄三年讨其君，驱飞廉于海隅而戮之，灭国者五十，驱虎、豹、犀、象而远之，天下大悦。《书》曰：‘丕显哉，文王谟！丕承哉，武王烈！佑启我后人，咸以正无缺。’

“世衰道微，邪说暴行有作，臣弑其君者有之，子弑其父者有之。孔子惧，作《春秋》。《春秋》，天子之事也。是故孔子曰：‘知我者其惟《春秋》乎！罪我者其惟《春秋》乎！’

"圣王不作，诸侯放恣，处士[4]横议[5]，杨朱、墨翟之言盈天下。天下之言不归杨，则归墨。杨氏为我[6]，是无君也；墨氏兼爱[7]，是无父也。无父无君，是禽兽也。公明仪曰：'庖有肥肉，厩有肥马；民有饥色，野有饿莩，此率兽而食人也。'杨墨之道不息，孔子之道不著，是邪说诬民，充塞仁义也。仁义充塞，则率兽食人，人将相食。吾为此惧，闲[8]先圣之道，距[9]杨墨，放淫辞，邪说者不得作。作于其心，害于其事；作于其事，害于其政。圣人复起，不易吾言矣。

"昔者禹抑洪水而天下平，周公兼夷狄、驱猛兽而百姓宁，孔子成《春秋》而乱臣贼子惧。《诗》云：'戎狄是膺，荆舒是惩，则莫我敢承。'无父无君，是周公所膺也。我亦欲正人心，息邪说，距诐行[10]，放淫辞，以承三圣者，岂好辩哉？予不得已也。能言距杨墨者，圣人之徒也。"

［注释］ ① 营窟：相互通联的洞窟。 ② 菹：长满草的水泽。 ③ 相：帮助。 ④ 处士：没有出仕的读书人。 ⑤ 横议：放肆谈论。 ⑥ 杨氏为我：杨朱哲学的主要论点之一是"为我"，所谓"拔一毛而利天下，吾不为也"。 ⑦ 墨氏兼爱：墨家学派的主要论点之一是"兼爱"，即没有差别的爱。 ⑧ 闲：捍卫。 ⑨ 距：抵制。 ⑩ 诐行：偏激的行为。

［译文］ 公都子说："别人都说老师喜欢辩论，请问这是为什么？"

孟子说："我难道真的喜欢辩论吗？实在是不得已啊。人类社会产生很久了，治乱交替。在唐尧那个时代，大水横流，四处泛滥，大地被龙蛇所盘踞，老百姓没有安身之地；低洼之地的人在树上筑巢，高处的人则挖掘一个连着一个的洞穴。《尚书》上说：‘洚水警戒我们。’洚水就是洪水。于是尧派大禹治理水患。大禹疏通河道，把洪水引入海中，把蛇和龙驱赶到草泽，水被纳入河道，长江、淮河、黄河、汉水便形成了。危险和阻碍既已排除，伤害人的鸟兽也消灭了，人们便能在平原上安居了。

“尧、舜去世了，圣人之道逐渐衰微，暴虐的君主相继出现，他们毁掉民居来挖掘深池，百姓无处安居；破坏农田作为园林，使百姓衣食没有依靠。荒谬的学说和暴虐的行径又随之而起，园林、深池、草泽多了，禽兽又回来了。到了商纣统治天下，又发生了大的动乱。于是周公辅佐武王，杀掉商纣，讨伐奄国；三年之后又杀掉了奄君；把飞廉驱逐到海滨后杀死；消灭了五十个国家，把老虎、豹子、犀牛、大象赶得远远的，普天下的老百姓非常高兴。《尚书》上说：‘文王的韬略多么辉煌！武王的功绩如此伟大！他们启发保佑我们后辈，使我们完美无缺。’

“太平之世和仁义之道衰微，荒谬的学说和暴虐的行径又兴起了，臣子杀死君王的事发生了，儿子杀死父亲的事也出现了。孔子为之忧惧，于是编撰了《春秋》。编撰《春秋》这类历史著作，本来是天子的权限，（而孔子却越权编撰，）所以他说：‘了解我，大概是因为《春秋》这部著作；责骂我，大概也是因为《春秋》这部著作！’

“从此圣明的君主不再出现，诸侯越来越肆无忌惮，一般士人也乱发议论，杨朱、墨翟的学说流行天下，世间的学术不属于杨朱派，就属于墨翟派。杨朱派主张一切为自己，这是目无君主；墨翟派提倡爱无差等，不分亲疏，这是目无父母。目无父母和目无君主，就和禽兽一样。公明仪说：‘厨房里有肥肉，马厩里有肥马，但老百姓却面带饥色，野外到处是饿死者的尸体，这是率领禽兽吃人。'杨朱和墨翟的学说不废止，孔子的学说就不会发扬光大，这便是荒谬的学说蒙蔽了百姓，同时也阻塞了仁义的道路。仁义的道路被阻塞，事情就如同率领野兽吃人，人和人之间也将互相吞食。我对此深感忧惧，便出来维护古代圣人的主张，反对杨朱、墨翟的学说，驳斥错误的言论，使提倡荒谬学术的人无出头之日。这种荒谬的学说从内心产生，必然危害日常事务；危害日常事务，也就危害了政治。即使圣人再度出现，也会赞同我的话。

"过去，大禹制服了洪水才使天下太平，周公兼并了夷狄、赶走了猛兽才使百姓安宁，孔子编撰了《春秋》才使叛臣逆子感到恐惧。《诗经》中说：'攻打戎狄，惩罚荆舒，就没有人敢与我为敌。'目无父母和目无君主的人，正是周公所要惩罚的。我也想端正人心，消除谬论，反对激烈的行为，驳斥错误的言论，以继承大禹、周公和孔子的事业。（如此说来，）我难道喜欢辩论吗？实在是不得已。能够通过发表言论驳斥杨朱、墨翟的，就是圣人的门徒。"

［原文］

6·10　匡章曰："陈仲子岂不诚廉士哉？居於陵，三日不食，耳无闻，目无见也。井上有李，螬食实者过半矣，匍匐往，将食之，三咽，然后耳有闻，目有见。"

孟子曰："于齐国之士，吾必以仲子为巨擘[①]焉。虽然，仲子恶能廉？充仲子之操，则蚓而后可者也。夫蚓，上食槁壤，下饮黄泉。仲子所居之室，伯夷之所筑与？抑亦盗跖之所筑与？所食之粟，伯夷之所树与？抑亦盗跖之所树与？是未可知也。"

曰："是何伤哉？彼身织屦，妻辟纑[②]，以易之也。”

曰：“仲子，齐之世家也，兄戴，盖禄万钟。以兄之禄为不义之禄而不食也，以兄之室为不义之室而不居也，辟[3]兄离母，处于於陵。他日归，则有馈其兄生鹅者，己频顣[4]曰：‘恶用是鶃鶃[5]者为哉？’他日，其母杀是鹅也，与之食之。其兄自外至，曰：‘是鶃鶃之肉也。’出而哇[6]之。以母则不食，以妻则食之；以兄之室则弗居，以於陵则居之，是尚为能充其类也乎？若仲子者，蚓而后充其操者也。”

［注释］ ① 巨擘：大拇指。 ② 辟纑：绩麻叫“辟”，练麻叫“纑”。 ③ 辟：通“避”。 ④ 频顣：皱眉缩鼻，表示厌恶的神情。频，通“颦”。 ⑤ 鶃鶃：鹅的鸣叫声。 ⑥ 哇：呕吐。

［译文］ 匡章说：“陈仲子难道不是真正廉洁的人吗？他住在於陵，三天没有吃东西，耳朵听不到声音，眼睛也失去了视觉。井台上有一个李子，已被金龟子吃掉大半，仲子爬过去，拿起吃了，吞了三口，然后才恢复了听觉和视觉。”

孟子说：“在齐国人士中，我无疑把仲子看做首屈一指的大人物。尽管如此，仲子怎么能算得上廉洁呢？如果要光大仲子的操守，那么只有变成蚯蚓之后才能做到。蚯蚓在地面上吃灰土，在地底下喝泉水（，真是可谓廉洁，仲子无法与之相比）。仲子所居住的房子，是伯夷这样的廉洁之人建造的呢，还是盗跖这样的强梁之人建造的呢？所吃的粮食，是伯夷种植的呢，还是盗跖种植的呢？所有这些，都弄不明白。”

匡章说：“这有什么关系呢？仲子自己编织草鞋，妻子织麻搓线，用这些换来生活用品。”

孟子说：“仲子是齐国的世家大族，他的兄长陈戴，每年从封地盖邑收入的俸禄就有几万石，仲子以兄长的俸禄为不义之物而不食用，以兄长的房屋为不义之产而不居住，避开兄长，离开母亲，住在於陵这个地方。有一天回家，正碰上一个人送一只活鹅给他兄长，仲子皱着眉头说：‘要这呱呱乱叫的东西干什么？’过了些日子，他母亲把这只鹅杀了给仲子吃。恰好他的兄长从外面回来，便说：‘这就是那个呱呱乱叫的东西的肉啊。’于是仲子跑出门去，把鹅肉呕了出来。因为是母亲的食物便不吃，因为是妻子的食物便吃了；因为是兄长的房子便不住，因为是於陵便住下，这还能谈得上把廉洁之风推广到极致吗？像仲子这样的人，只有变成蚯蚓后才能推广他的操守。”

卷七 离娄章句上

凡二十八章

［原文］

7·1 孟子曰："离娄之明①，公输子之巧②，不以规矩，不能成方圆；师旷之聪③，不以六律④，不能正五音⑤；尧、舜之道，不以仁政，不能平治天下。今有仁心仁闻而民不被其泽，不可法于后世者，不行先王之道也。故曰：徒善不足以为政，徒法不能以自行。《诗》云：'不愆不忘，率由旧章。'遵先王之法而过者，未之有也。圣人既竭目力焉，继之以规矩准绳，以为方圆平直，不可胜用也；既竭耳力焉，继之以六律正五音，不可胜用也；既竭心思焉，继之以不忍人之政，而仁覆天下矣。故曰：为高必因丘陵，为下必因川泽，为政不因先王之道，可谓智乎？是以惟仁者宜在高位。不仁而在高位，是播其恶于众也。上无道揆⑥也，下无法守也，朝不信道，工不信度，君子犯义，小人犯刑，国之所存者幸也。故曰：城郭不完⑦，兵甲不多，非国之灾也；田野不辟⑧，货财不聚，非国之害也。上无礼，下无学，贼民兴，丧无日矣。《诗》曰：'天之方蹶，无然泄泄⑨。'泄泄犹沓沓也。事君无义，进退无礼，言则非先王之道者，犹沓沓也。故曰：责难于君谓之恭，陈善闭邪谓之敬，吾君不能谓之贼。"

［注释］

① 离娄之明：离娄是古代以视力超群著称的人。 ② 公输子之

巧：公输子就是公输班，因为是鲁国人，所以人们也叫他鲁班，是古代著名的能工巧匠。　③ 师旷之聪：师旷是古代著名的音乐家，有超群的辨别声音的能力。　④ 六律：古代音乐中把音分为十二律，阴律和阳律各六。这里的六律指阳律。　⑤ 五音：古代音乐中把音阶分为宫、商、角、徵、羽这“五音”。　⑥ 揆：度。　⑦ 完：坚固。　⑧ 辟：开垦。　⑨ 无然泄泄：就是“无泄泄”，“然”是语助词，“泄泄”形容声音嘈杂。

［译文］

孟子说：“就是有离娄那样敏锐的视力，公输般那样巧妙的技艺，如果不用圆规和曲尺，也不能准确地画出方形和圆形；就是有师旷那样辨音的耳力，如果不依据六律，也不能校正五音；就是具备尧、舜那样的韬略，如果不推行仁政，也不能治理好天下。现在有些诸侯，虽然有仁爱之心和仁爱的声誉，但老百姓却没有沐浴他的恩泽，不足以成为后世的楷模，就是因为没有推行前代的圣王之道。所以说，光有良好的用心，不足以搞好政治；仅有良好的方法，也不会自动执行。《诗经》中说：‘不要有所偏差，也不要有所遗漏，一切依据传统的章法。’遵循前代圣王的法度而有过失的，是从来没有的。圣人既竭尽自己的目力，又用圆规、曲尺、水平仪、绳墨，来制造方的、圆的、平的和直的东西，那么这类东西便用之不尽了；圣人既竭尽自己的听力，又依据六律校正五音，那么各种音阶也就用之不尽了；圣人既竭尽自己的心智，又推行仁政，那么仁爱便遍布天下了。因此说，建筑高台一定要凭借丘陵，挖掘深池一定要利用沼泽。办理政务不依据前代圣王的法度，能称得上明智吗？所以只有仁爱之人才能占据统治地位。没有仁爱之心的人占据统治地位，就会把他的邪恶传播给民众。上面没有道德法度，下面就没有规范可以遵守。朝廷不信道义，工匠不认尺度，官吏违犯义理，百姓触犯刑法，这个国家仍能生存下来,那真是侥幸了。所以说,城墙不坚固,兵器不充足,并不是国家的灾难;农田不开发,财富不聚敛,也不是国家的祸害。上面不讲礼仪,下面有失教养,违法乱纪的人兴起了,那么亡国的日子就不远了。《诗经》中说:'上天正在行动,不要多嘴多舌。'多嘴多舌就是啰哩啰嗦。侍奉君主不明道义,进退不讲礼节,开口说话便诋毁前代圣王之道,这和多嘴多舌差不多。所以说,责求君主奉行仁政才叫做'恭',向君主陈说仁道,杜绝邪念,才叫做'敬',如果认为自己的君主不能行仁政,这叫做'贼'。"

[原文]

7·2 孟子曰:"规矩,方圆之至也;圣人,人伦之至也。欲为君,尽君道;欲为臣,尽臣道。二者皆法尧、舜而已矣。不以舜之所以事尧事君,不敬其君者也;不以尧之所以治民治民,贼[①]其民者也。孔子曰:'道二,仁与不仁而已矣。'暴其民甚,则身弑国亡;不甚,则身危国削,名之曰'幽'、'厉'[②],虽孝子慈孙,百世不能改也。《诗》云:'殷鉴[③]不远,在夏后之世',此之谓也。"

[注释]

① 贼:戕害。 ② "幽"、"厉":都是古代谥法中的恶谥。昏暗不明谓之"幽",乱杀无辜谓之"厉"。 ③ 鉴:铜镜。

[译文]

孟子说:"圆规和曲尺是方圆的准则,圣人是做人的典范。要做君主就要恪守为君之道,要做臣子就要奉行为臣之道,二者都要效法尧、舜。不用舜侍奉尧的态度侍奉君主,就是对君主的不恭敬;不用尧治理百姓的方法治理百姓,就是坑害民众。孔子说:'治国的方法不外乎两种,就是行仁政与不行仁政罢了。'过分残害百姓,自身会掉脑袋,国家随之灭亡;即使不过分，本身也会岌岌可危，国势遭到削弱，死后被谥以‘幽’、‘厉’的恶名，就是他有孝子贤孙，百代之后也不能改变他的名声。《诗经》中说：‘殷商有一面不远的镜子，这就是它前面的夏代’，这两句话讲的就是这个意思。”

［原文］

7·3　孟子曰：“三代之得天下也以仁，其失天下也以不仁。国之所以废兴存亡者亦然。天子不仁，不保四海；诸侯不仁，不保社稷；卿大夫不仁，不保宗庙；士庶人不仁，不保四体。今恶死亡而乐不仁，是犹①恶醉而强酒②。”

［注释］

①犹：好比。　②酒：名词作动词，饮酒。

［译文］

孟子说：“夏、商、周三代所以获得天下是因为仁爱，所以失去天下是因为不仁。国家的兴起与衰败、生存与灭亡也是这样。天子不行仁道，不能保全天下；诸侯不行仁道，不能保全国家；卿大夫不行仁道，不能保全宗庙；士人和百姓不行仁道，不能保全身体。现在有些人厌恶死亡，但却乐于违背仁道，这如同讨厌醉酒却勉强喝酒一样。”

［原文］

7·4　孟子曰：“爱人不亲，反①其仁；治人不治②，反其智；礼人不答，反其敬。行有不得者皆反求诸己，其身正而天下归之。《诗》云：‘永言配命，自求多福。’”

［注释］

①反：返回，引申为反思。　②治人不治：第一个“治”是动词，治理。第二个“治”是形容词，治理好。

［译文］

孟子说：“自己爱别人，别人却不亲近自己，那么就要反问自己是否真的奉行了仁道；自己管理别人，但没有管理好，那么就要反问自己是否具备了足够的智谋；自己礼貌地对待别人，别人却毫不理睬，那么就要反问自己态度是否恭敬。任何行为得不到预期的效果，都要反躬自问。自身端方了，天下的人也就归服了。《诗经》中说：‘与天意相合的周代万古长存，幸福要靠自己寻求。’”

[原文] **7·5** 孟子曰：“人有恒言[①]，皆曰‘天下国家[②]’。天下之本在国，国之本在家，家之本在身。”

[注释] ① 恒言：常言。 ② 天下国家：周天子有“天下”，诸侯有“国”，大夫有“家”。

[译文] 孟子说：“人们有一句常说的话，都说‘天下国家’。此可见，天下的根本是国，国的根本是家，家的根本是个人。”

[原文] **7·6** 孟子曰：“为政不难，不得罪于巨室[①]。巨室之所慕，一国慕之；一国之所慕，天下慕之。故沛然[②]德教，溢乎四海。”

[注释] ① 巨室：大家，即卿大夫之家。 ② 沛然：浩荡的样子。

[译文] 孟子说：“从事政治并不艰难，只要不得罪那些有影响的卿大夫就行。他们所钦慕的，全国的人都会钦慕。全国的人钦慕，普天下的人都会钦慕。因此，德教便可以浩浩荡荡地充溢于天下了。”

[原文] **7·7** 孟子曰：“天下有道，小德役大德，小贤役大贤；天下无道，小役大，弱役强。斯二者，天也。顺

天者存,逆天者亡。齐景公曰:‘既不能令,又不受命,是绝物也。’涕出而女[①]于吴。今也小国师大国而耻受命焉,是犹弟子而耻受命于先师也。如耻之,莫若师文王。师文王,大国五年,小国七年,必为政于天下矣。《诗》云:‘商之孙子,其丽[②]不亿。上帝既命,侯[③]于周服。侯服于周,天命靡常[④]。殷士肤[⑤]敏,祼[⑥]将于京。’孔子曰:‘仁不可为众也。夫国君好仁,天下无敌。’今也欲无敌于天下而不以仁,是犹执热而不以濯也。《诗》云:‘谁能执热,逝不以濯?’”

[注释]

① 女:嫁女。 ② 丽:数。 ③ 侯:助词,无意义。 ④ 靡常:无常。 ⑤ 肤:美。 ⑥ 祼:古代的一种祭祀仪式,把酒灌在地上,以迎接鬼神,所以也写做“灌”。

[译文]

孟子说:“天下安定、政治清明的时候,往往是道德低下的人被道德高尚的人所役使,才能平庸的人被才能卓越的人所役使;天下动荡、政治混乱的时候,力量小的被力量大的所役使,弱的被强的所役使。这两种情况都是由上天意志决定的。顺从天意的就能生存,违背天意的就要灭亡。齐景公说:‘既不能发号施令,又不能接受别人的命令,这是自绝于人。’因此他流着泪把女儿嫁到吴国。如今的小国学习大国却又以接受大国的命令为耻辱,这如同做学生的以接受老师的命令为耻辱一样。如果真的引以为耻,就不如师奉文王。以文王为师,大国需五年的时间,小国也只需要七年,就一定可以主宰天下的政治了。《诗经》中说:‘商代的子孙,其数超过十万。上帝既已授命于文王,他们便成了周的臣民。成了周的臣民,可见天意没有定命。殷代的臣子漂亮聪明,他们奉行灌酒的礼节助祭周京。'孔子也说:'仁德的力量是不能以人数的多少来衡量的。只要国君爱好仁德,便无敌于天下。'现在一些诸侯想无敌于天下但又不推行仁政,这就像怕热的人不愿沐浴一样。《诗经》中说:'谁能既怕热又不愿沐浴?'"

[原文]

7·8 孟子曰:"不仁者可与言哉?安其危而利其菑①,乐其所以亡者。不仁而可与言,则何亡国败家之有?有孺子歌曰:'沧浪②之水清兮,可以濯我缨;沧浪之水浊兮,可以濯我足。'孔子曰:'小子听之!清斯濯缨,浊斯濯足矣。自取之也。'夫人必自侮,然后人侮之;家必自毁,而后人毁之;国必自伐,而后人伐之。《太甲》曰:'天作孽,犹可违;自作孽,不可活。'此之谓也。"

[注释]

① 菑:灾祸。 ② 沧浪:青色的水。

[译文]

孟子说:"不施仁爱的人难道可以与之商讨吗?他们看到别人陷入危险之中却不为之所动,用祸难牟取暴利,乐于做那些导致亡国灭顶的事情。不施仁爱的人如可以与他们商讨,那怎么会造成亡国败家的悲剧呢?从前有一个小孩这样唱道:'碧绿的水啊是那样清澈,可以洗我的帽缨;碧绿的水啊又变得浑浊,可以洗我的双足。'孔子说:'孩子们听听吧!清水用来洗帽缨,浊水用来洗双足,这都是由水本身决定的。'由此可知,人们一定先有自取侮辱的行为,然后别人才能侮辱他;家庭一定先有自取毁败的原因,然后别人才能毁败它;国家一定先有自取讨伐的因素,然后别人才能讨伐它。《尚书·太甲》说:'天降灾祸可以逃避,人为的灾祸则不可避免。'说的正是这个意思。"

［原文］

7·9 孟子曰："桀、纣之失天下也，失其民也。失其民者，失其心也。得天下有道：得其民，斯得天下矣。得其民有道：得其心，斯得民矣。得其心有道：所欲与[①]之聚之，所恶勿施尔也。民之归仁也，犹水之就下、兽之走圹[②]也。故为渊敺[③]鱼者，獭也；为丛敺爵[④]者，鹯也；为汤、武敺民者，桀与纣也。今天下之君有好仁者，则诸侯皆为之敺矣。虽欲无王，不可得已。今之欲王者，犹七年之病求三年之艾也。苟为不畜，终身不得。苟不志于仁，终身忧辱，以陷于死亡。《诗》云：'其何能淑，载胥及溺[⑤]。'此之谓也。"

［注释］

① 与：为。 ② 走圹：跑在旷野上。 ③ 敺：通"驱"。 ④ 爵：是"雀"的本字。 ⑤ 载胥及溺：载，语助词。胥，全部。溺，淹死。

［译文］

孟子说："夏桀和商纣之所以丧失天下，是因为失去了百姓的拥戴；失去了百姓的拥戴，是因为失去了民心。获得天下有一定的规则：得到百姓的支持，便能得到天下。得到百姓的支持也有一定的规则：抓住了民心，便能得到了百姓的支持。抓住民心同样有一定的规则：他们所需要的替他们积聚起来，他们所厌恶的不要强加给他们，就是这样罢了。老百姓归附仁道，就像水往低处流淌，兽朝旷野奔跑。因此替深水把鱼赶来的是水獭，为丛林把鸟雀赶来的是鹞鹰，替汤、武把老百姓赶来的是桀、纣。如今诸侯之中若有爱好仁道的，那么，其他诸侯都会替他把老百姓赶来。这样，就是他不想主宰天下，也是不可能的。现在那些想主宰天下的人，就如同患了七年的重病而需要三年的陈艾来医治一样，如果平时不有所积蓄，那一辈子也寻求不到。如若对仁道漠不关心，终身都要忧虑并蒙受耻辱，一直到死。《诗经》中说：‘这怎么能把事情办好，结果只能是一起落水罢了。’这两句诗说的就是这个意思。”

［原文］ **7·10** 孟子曰：“自暴①者不可与有言也，自弃者不可与有为也。言非②礼义，谓之自暴也；吾身不能居仁由义，谓之自弃也。仁，人之安宅也；义，人之正路也。旷安宅而弗居，舍正路而不由，哀哉！”

［注释］ ① 暴：残害。 ② 非：诋毁。

［译文］ 孟子说：“一个自我残害的人，不能对他申说有价值的言论；一个自我抛弃的人，不能和他一起做有益的事情。用言语诋毁礼义，叫做自我残害；认为自己不能心怀仁德、履行正义，叫做自我抛弃。仁是人最安适的住宅；义是人最正当的途径。放着最安适的住宅不去居住，放弃最正当的途径不走，太可悲了！”

［原文］ **7·11** 孟子曰：“道在迩①而求诸远，事在易而求诸难。人人亲②其亲、长③其长，而天下平。”

［注释］ ① 迩：近。 ② 亲：亲近。 ③ 长：尊重。

［译文］ 孟子说：“道就在眼前却到远处寻求，事情本来很容易却从难处着手（，这样就难办了）。每一个人都亲近自己的父母，尊重自己的长辈，天下便太平无事了。”

［原文］ **7·12** 孟子曰：“居下位而不获①于上，民不可得

而治也。获于上有道，不信于友，弗获于上矣。信于友有道，事亲弗悦，弗信于友矣。悦亲有道，反身不诚，不悦于亲矣。诚身有道，不明乎善，不诚其身矣。是故诚者，天之道也。思诚者，人之道也。至诚而不动者，未之有也。不诚，未有能动者也。”

［注释］　① 获：获得信任。

［译文］

孟子说：“职位低下又得不到上级的信任，是不能治理好老百姓的。得到上级的信任有一定的方法，（首先要取信于朋友，）否则就不能受到上级的信任。取信于朋友也有一定的方法，（首先要得到父母的欢心，）否则就得不到朋友的信任。得到父母的欢心同样也有一定的方法，（首先要内心真诚，）如反躬自问，还不够真诚，那就得不到父母的欢心。要使内心真诚也有一定的方法，（首先要知道什么是善，）否则就不能使内心真诚。因此，真诚是自然规律，追求真诚是人的行为规范。极端真诚而不能使天下人感动，是从来没有的。缺少真诚而能感动别人，也是从来没有的。”

［原文］

7·13　孟子曰：“伯夷辟[1]纣，居北海之滨，闻文王作，兴曰：‘盍[2]归乎来[3]！吾闻西伯善养老者。’太公辟纣，居东海之滨，闻文王作，兴曰：‘盍归乎来！吾闻西伯善养老者。’二老者，天下之大老也，而归之，是天下之父归之也。天下之父归之，其子焉往？诸侯有行文王之政者，七年之内，必为政于天下矣。”

［注释］　① 辟：通“避”。　② 盍：何不。　③ 来：语助词。

［译文］ 孟子说："伯夷逃避纣王，住在北海之滨，他听说文王兴盛起来，便说：'何不去西伯那里呢！我听说他善于奉养老人。'姜太公避开纣王，住在东海之滨，听说文王兴盛起来，也说：'何不到西伯那儿去呢！我听说他善于奉养老人。'这两位老者是天下德高望重的人，他们归服西伯，这等于天下的父老都归服了西伯。天下的父老归服西伯，他们的儿子还能到哪里去呢？如果诸侯之中有效法文王典章制度的，不超过七年，就一定能够主宰天下了。"

［原文］ **7·14** 孟子曰："求①也为季氏宰，无能改于其德，而赋粟倍他日。孔子曰：'求非我徒也，小子鸣鼓而攻之可也。'由此观之，君不行仁政而富之，皆弃于孔子者也，况于为之强战？争地以战，杀人盈野；争城以战，杀人盈城。此所谓率土地而食人肉，罪不容于死。故善战者服上刑②，连诸侯者次之，辟草莱、任土地③者次之。"

［注释］ ① 求：孔子的弟子冉求。他做季康子的家臣，为季康子聚敛财富，所以孔子号召弟子"鸣鼓而攻之"。 ② 上刑：最重的刑罚。 ③ 辟草莱、任土地：开辟荒地、分配土地。

［译文］ 孟子说："冉求做了季康子的家臣，不能改变季康子的所作所为，反而把田赋增加了一倍。孔子便说：'冉求不是我的门徒，你们可以大张旗鼓地攻击他。'由此看来，帮助不推行仁政的国君聚敛财富的人，都是为孔子所唾弃的，何况那些为暴君拼命作战的人呢？为争夺土地而进行战争，死者覆盖原野；为争夺城池而进行战争，死者充塞城市，这就是所谓为了争夺地盘而食人肉。（对于这种人，）即使处以死刑也不足以抵消

他们的罪孽。因此，好战分子应该受最重的惩罚，鼓吹合纵连横之术的人应该受次一等的刑罚，（为了增加田赋）让老百姓开辟荒地以提高地力的人，则应该受更次一等的刑罚。”

［原文］　**7·15**　孟子曰：“存[1]乎人者，莫良于眸子。眸子不能掩其恶。胸中正则眸子瞭[2]焉，胸中不正则眸子眊[3]焉。听其言也，观其眸子，人焉廋[4]哉！”

［注释］　① 存：观察。　② 瞭：明亮。　③ 眊：模糊不清。　④ 廋：藏匿。

［译文］　孟子说：“观察一个人没有比观察他的眼睛更好了，因为眼睛不能掩盖他灵魂的丑恶。内心端正，那么眼睛就明亮；内心不端，眼睛就缺少神采。听一个人说话，观察他的眼睛，这个人是善是恶，怎么能隐瞒得了呢？”

［原文］　**7·16**　孟子曰：“恭者不侮人，俭者不夺人。侮夺人之君，惟恐不顺焉，恶得为恭俭？恭俭岂可以声音笑貌为哉？”

［译文］　孟子说：“一个对人恭敬的人不会侮辱人，一个俭约的人不会掠夺人。一个侮辱人和掠夺人的君主，唯恐别人不顺从他，还怎么能做到恭敬、俭约呢？这两种美德难道可以用动听的声音和微笑的面容表现出来吗？”

［原文］　**7·17**　淳于髡[1]曰：“男女授受不亲，礼与？”

孟子曰：“礼也。”

曰：“嫂溺，则援之以手乎？”

曰："嫂溺不援，是豺狼也。男女授受不亲，礼也。嫂溺，援之以手者，权②也。"

曰："今天下溺矣，夫子之不援，何也？"

曰："天下溺，援之以道。嫂溺，援之以手。子欲手援天下乎？"

[注释]

① 淳于髡：《史记·滑稽列传》里有他的传记，善于用滑稽的言行向君王进谏。 ② 权：变通。

[译文]

淳于髡问道："男女之间不亲手传递东西，这是礼制所规定的吗？"

孟子说："是礼制所规定的。"

淳于髡接着问道："如果自己的嫂子落水了，可以用手去拉她吗？"

孟子说："如嫂子落水而不用手去拉，那就与豺狼没有分别了。男女之间不亲手传递东西，这是一般礼制；嫂子落水用手去拉，这是变通的办法。"

淳于髡说："如今天下的民众掉进深渊，您却不去援救，这是为什么？"

孟子说："天下的民众掉进深渊，应该用'道'去援救；嫂子落水则用手去援救——您要我用手去援救天下的民众吗？"

[原文]

7·18 公孙丑曰："君子之不教子，何也？"

孟子曰："势不行也。教者必以正。以正不行，继之以怒。继之以怒，则反夷①矣。'夫子教我以正，夫子未出于正也。'则是父子相夷也。父子相夷，则恶矣。古者易子而教之，父子之间不责善②。责善则离，离则不祥莫大焉。"

[注释]　① 夷：伤害。　② 责善：以追求善道相谴责。

[译文]　公孙丑说："君子不亲自教育儿子，为什么？"

孟子说："这是因为情势上行不通。教育必须依靠正理正道；依靠正理正道收不到效果，接着就是发怒；一发怒就会伤害彼此间的情感，（儿子便会说：）'您用大道理教育我，可是您自己的行为却并不合理。'这就伤害了父子间的感情。父子间的感情伤害了，那就不好了。古时候人们互相交换儿子进行教育，这就避免了父子之间因计较正理正道而互相指责的尴尬场面。因计较正理正道而互相指责，父子之间就产生了隔膜，这是最糟糕的事情。"

[原文]　**7·19**　孟子曰："事，孰为大？事亲为大。守，孰为大？守身为大。不失其身而能事其亲者，吾闻之矣。失其身而能事其亲者，吾未之闻也。孰不为事？事亲，事之本也。孰不为守？守身，守之本也。曾子养曾皙①，必有酒肉。将彻，必请所与。问有余，必曰：'有。'曾皙死，曾元养曾子，必有酒肉。将彻，不请所与。问有余，曰：'亡矣。'将以复进②也。此所谓养口体者也。若曾子，则可谓养志也。事亲若曾子者，可也。"

[注释]　① 曾子养曾皙：曾子是曾皙的儿子，是下面提到的曾元的父亲。② 复进：下一次再端上。

[译文]　孟子说："侍奉什么人最重要？侍奉父母最重要。守护什么最重要？守护自身（不行非义）最重要。自身的节操没有丧失又能侍奉父母，这种情况我听说过；丧失了节操却能侍奉父

母，这种情况我从来没有听说过。侍奉的职责都该履行，但侍奉父母是最根本的；守护的职责也应该遵循，但守护自己的节操是最重要的。从前曾子奉养他的父亲曾晳，每餐一定要有酒肉；将撤杯盘的时候，一定要问剩下的给谁吃；曾晳如问有没有剩余，一定回答'有'。曾晳死后，曾元奉养曾子，每餐也必有酒肉；将撤去杯盘的时候，就不问剩下的给谁吃了；如曾子问有没有剩余，便说'没有了'，为的是把剩余的酒菜留给父亲下餐享用。这就是所谓的口体之养。像曾子(对待父亲的态度)才称得上顺从亲意之养。侍奉父母如曾子那样就可以了。"

［原文］ **7·20** 孟子曰："人不足与适①也，政不足间②也。唯大人为能格③君心之非。君仁，莫不仁；君义，莫不义；君正，莫不正。一正君而国定矣。"

［注释］ ① 适：通"谪"，谴责。 ② 间：非议。 ③ 格：纠正。

［译文］ 孟子说："那些当政的小人不值得去指责，他们的政治也不值得去非议，只有天才人物才能纠正君主的错误想法。君主提倡仁爱，便没有人不讲究仁爱；君主追求道义，便没有人不向往道义；君主端正作风，便没有人不端正作风。君主的作风端正了，国家就安定了。"

［原文］ **7·21** 孟子曰："有不虞①之誉，有求全之毁。"

［注释］ ① 不虞：意想不到。

［译文］ 孟子说："有意想不到的赞誉，便有求全责备的诋毁。"

[原文]　**7·22**　孟子曰："人之易[①]其言也，无责耳矣[②]。"

[注释]　① 易：轻率。　② 耳矣：两个语助词连用。

[译文]　孟子说："一个人轻率地发表言论，那就不值得责备了。"

[原文]　**7·23**　孟子曰："人之患在好为人师。"

[译文]　孟子说："人的毛病就在于喜欢当别人的老师。"

[原文]　**7·24**　乐正子从于子敖之齐。

乐正子见孟子。孟子曰："子亦来见我乎？"

曰："先生何为出此言也？"

曰："子来几日矣？"

曰："昔者[①]。"

曰："昔者，则我出此言也，不亦宜乎？"

曰："舍馆未定。"

曰："子闻之也，舍馆定，然后求见长者乎？"

曰："克有罪。"

[注释]　① 昔者：昨天。

[译文]　乐正子跟随王子敖来到齐国。

乐正子去拜见孟子。孟子说："你也来看望我吗？"

乐正子说："老师为什么说这种话呢？"

孟子又问："你来几天了？"

乐子答道："昨天。"

孟子说："昨天。那么我说这话不也很恰当吗？"

乐正子说："我的住处还没有找好。"

孟子说："你听说过住处定下来之后才来见长辈吗？"

乐正子说："我有过错。"

［原文］ **7·25** 孟子谓乐正子曰："子之从于子敖来，徒铺啜[①]也。我不意子学古之道而以铺啜也。"

［注释］ ① 铺啜：铺，吃。啜，啜饮流食。

［译文］ 孟子对乐正子说："你跟随王子敖到齐国来，仅仅是为了满足口腹，我没有想到你学习古人的大道是因为这个。"

［原文］ **7·26** 孟子曰："不孝有三，无后为大。舜不告而娶，为无后也，君子以为犹告也。"

［译文］ 孟子说："不孝顺父母的事有三件，其中以没有后代最为严重。大舜不征求父母的意见便娶了妻子，就是因为担心没有后代，所以君子认为他虽然没有征求父母的意见，但实际上也同征求了一样。"

［原文］ **7·27** 孟子曰："仁之实，事亲是也；义之实，从兄是也；智之实，知斯二者弗去是也；礼之实，节文[①]斯二者是也；乐之实，乐斯二者，乐则生矣；生则恶[②]可已也，恶可已，则不知足之蹈之手之舞之。"

［注释］ ① 节文：节制、修饰。 ② 恶：通"乌"，如何。

［译文］ 孟子说："仁的关键是侍奉父母；义的关键是顺从兄长；智的关键是了解这二者的道理并持之以恒地保持；礼的关键是

合理地调节并修饰这二者；乐的关键是从这二者中获得快乐，这样快乐也就自然地产生了；快乐产生了，便无法休止，无法休止便不知不觉地手舞足蹈起来。”

［原文］

7·28　孟子曰：“天下大悦而将归己，视天下悦而归己犹草芥也，惟舜为然。不得乎亲，不可以为人。不顺乎亲，不可以为子。舜尽事亲之道而瞽瞍①厎②豫③，瞽瞍厎豫而天下化，瞽瞍厎豫而天下之为父子者定，此之谓大孝。”

［注释］

① 瞽瞍：舜的父亲。　② 厎：导致。这个字和“底”形近而意义不同。　③ 豫：高兴。

［译文］

孟子说：“天下的人都非常高兴并将归附自己，把这种情形当做草芥一样看待，毫不重视，只有大舜能够做到。不能得到父母的欢心就不能做人；不能顺从父母就不能做儿子。大舜为父母做了应该做的一切，结果终于赢得了他父亲瞽瞍的欢心；得到了瞽瞍的欢心，便改变了天下的风俗，同时也确定了天下的父子伦常，这就是所谓的大孝。”

卷八　离娄章句下

凡三十三章

[原文]

8·1　孟子曰："舜生于诸冯，迁于负夏，卒于鸣条，东夷之人也。文王生于岐周，卒于毕郢，西夷之人也。地之相去也，千有余里；世之相后也，千有余岁。得志行乎中国，若合符节①，先圣后圣，其揆②一也。"

[注释]

① 合符节：符和节都是古代所用的信物，一般分成两半，各执其一，两半相合以征信。　② 揆：度。

[译文]

孟子说："大舜出生在诸冯，迁居到负夏，死在鸣条，是位东方人。文王生在岐周，死在毕郢，是位西方人。两地相距一千多里，时代相差一千多年。他们得志后在中国所做的事业，几乎完全相同，前代的圣人和后代的圣人，所走的道路都是一样的。"

[原文]

8·2　子产听郑国之政，以其乘舆①济②人于溱、洧。孟子曰："惠③而不知为政。岁十一月，徒杠④成；十二月，舆梁⑤成，民未病⑥涉也。君子平其政，行辟⑦人可也，焉得人人而济之？故为政者，每人而悦之，日亦不足矣。"

[注释]

① 乘舆：所乘坐的车子。　② 济：渡水。　③ 惠：施恩。　④ 徒杠：供人步行的独木桥。　⑤ 舆梁：供车行的桥。　⑥ 病：以……为病。　⑦ 辟：使……躲避。

［译文］

子产主持郑国的政务，用他所乘的车子帮助人们渡过溱水和洧水。孟子说："这不过是小恩小惠，子产实际上并不懂得政治。如果十一月份修筑好走人的小桥，十二月份修筑好行车的大桥，百姓就不会为渡河而发愁了。做官的只要搞好政务，外出时即使鸣锣开道也没有关系，哪能一一地去帮助人们渡河泥？所以说，当政的人要是逐一地去讨好人，时间也不可能够用。"

［原文］

8·3　孟子告齐宣王曰："君之视臣如手足，则臣视君如腹心；君之视臣如犬马，则臣视君如国人；君之视臣如土芥，则臣视君如寇雠。"

王曰："礼，为旧君有服①，何如斯可为服矣？"

曰："谏行言听，膏泽下于民；有故而去，则君使人导之出疆，又先②于其所往；去三年不反③，然后收其田里。此之谓三有礼焉。如此，则为之服矣。今也为臣，谏则不行，言则不听，膏泽不下于民；有故而去，则君搏执之，又极④之于其所往；去之日，遂收其田里。此之谓寇雠。寇雠何服之有？"

［注释］

① 有服：穿孝服。　② 先：预先安排。　③ 反：通"返"。　④ 极：使……穷困。

［译文］

孟子告诉齐宣王说："君主把臣下看做自己的手足，那臣下就会把君主看做自己的腹心；君主把臣下看做狗马，那臣下就会把君主看做一般人；君主把臣下看做土块草芥，那臣下就会把君主看做仇敌。"

齐宣王说："礼制规定，离职的臣子还应该为往日的君主服丧；那么，君主怎样对待臣子，臣子才应该为他服丧呢？”

孟子答道：“臣子正确的讽谏他接受，合理的建议他听从，恩泽沾溉到一般老百姓。臣子因故离开，君主便派人领路送他出境，又事先打发人到他要去的地方安顿好一切；如果三年还不回国，再收回他的土地房产。这就叫三有礼。君主若能这样，那么臣子就应该为他服丧。如今做臣子的，正确的讽谏不被接受，合理的建议也不被采纳，君主的恩泽不能普施百姓。臣子因故离开，君主便把他捆绑起来，还千方百计使他在要去的地方陷入困境；离开的那一天就收回了他的土地房产。这就叫做仇敌。对仇敌为什么要服丧呢？”

［原文］　**8·4**　孟子曰：“无罪而杀士，则大夫可以去；无罪而戮民，则士可以徙。”

［译文］　孟子说：“君主杀害无辜的士人，那大夫可以离开这个国家；君主杀害无辜的老百姓，那士人可以从这个国家迁走。”

［原文］　**8·5**　孟子曰：“君仁，莫不仁；君义，莫不义。”

［译文］　孟子说：“君主提倡仁爱，他的臣民便没有不提倡仁爱的；君主奉行道义，他的臣民便没有不奉行道义的。”

［原文］　**8·6**　孟子曰：“非礼之礼，非义之义，大人弗为。”

［译文］　孟子说：“似是而非的礼，似是而非的义，品德高尚的人是不屑履行的。”

[原文]

8·7　孟子曰："中①也养不中，才也养不才，故人乐有贤父兄也。如中也弃不中，才也弃不才，则贤不肖之相去，其间不能以寸②。"

[注释]

①中：介于"贤"和"不肖"之间的人。　②其间不能以寸：这句省略了动词，其意是说两者之间的差距，甚至不能用分寸计量了。

[译文]

孟子说："品德高尚的人可以熏陶品德低下的人，才能卓越的人可以影响才能浅陋的人，所以人们都喜欢家庭中能有好父亲和好兄长。如果品德高尚的人不去熏陶品德低下的人，才能卓越的人不去影响才能浅陋的人，那么，好与不好的差距，甚至不能用分寸计算了。"

[原文]

8·8　孟子曰："人有不为也，而后可以有为。"

[译文]

孟子说："人要先有所不为，然后才能有所作为。"

[原文]

8·9　孟子曰："言人之不善，当如后患何？"

[译文]

孟子说："说别人的坏话，如果引起不好的后果，该怎么办呢？"

[原文]

8·10　孟子曰："仲尼不为已甚者。"

[译文]

孟子说："孔子不做过火的事。"

[原文]

8·11　孟子曰："大人者，言不必信，行不必果，惟义所在。”

[译文] 孟子说：“品德高尚的人，讲话不一定句句守信，办事不一定善始善终，他们只是与道义同在。”

[原文] **8·12** 孟子曰：“大人者，不失其赤子之心者也。”

[译文] 孟子说：“品德高尚的人便是能够保持婴儿般天真纯朴心境的人。”

[原文] **8·13** 孟子曰：“养生者不足以当大事，惟送死可以当大事。”

[译文] 孟子说：“赡养父母算不上什么了不起的事情，只有为他们送终才是大事。”

[原文] **8·14** 孟子曰：“君子深造之以道，欲其自得之也。自得之，则居之安；居之安，则资①之深；资之深，则取之左右逢其原②，故君子欲其自得之也。”

[注释] ① 资：积累。 ② 原：通“源”。

[译文] 孟子说：“君子是通过正确的途径获得高深的造诣，这就是要他自觉地汲取各种知识；自觉地汲取就能牢固地占有它；牢固地占有它就能积累深厚；积累深厚，在运用的时候就能左右逢源。因此，君子要主动地吸收知识。”

［原文］

8·15　孟子曰："博学而详说之，将以反说约也。"

［译文］

孟子说："广博地学习，详尽地解说，为的是（在融会贯通之后）能做到简明扼要。"

［原文］

8·16　孟子曰："以善服人者，未有能服人者也。以善养人，然后能服天下。天下不心服而王者，未之有也。"

［译文］

孟子说："以善使人折服，没有能够使人折服的；用善去教育人，才能使天下的人折服。天下的人不从内心折服而能统一天下，这是从来没有过的。"

［原文］

8·17　孟子曰："言无实不祥。不祥之实，蔽贤者当之。"

［译文］

孟子说："说话没有实质内容不好。这种不好的结果应由那些妨碍贤者进用的人担当。"

［原文］

8·18　徐子曰："仲尼亟①称于水，曰'水哉，水哉！'何取于水也？"

孟子曰："源泉混混②，不舍昼夜，盈科③而后进，放乎四海。有本者如是，是之取尔。苟为无本，七、八月之间雨集，沟浍皆盈，其涸也，可立而待也。故声闻④过情，君子耻之。"

［注释］

①亟：屡次。　②混混：滚滚。　③科：沟坎。　④闻：声

望。

［译文］ 徐子说："孔子屡次赞美水，说：'水啊，水啊！'他对于水取它什么呢？"

孟子说："有源头的水滔滔奔流，日夜不停，把低洼之处注满后继续往前流去，一直奔向大海。有本源的事物都是这样，孔子所取的正是这一点罢了。假如没有本源，到了七、八月间雨水密集，沟渠都满了，但不久又会干涸。所以一个人声誉超过实际，名不符实，是君子引以为耻的。"

［原文］ **8·19** 孟子曰："人之所以异于禽兽者几希[①]，庶民去之，君子存之。舜明于庶物[②]，察于人伦，由仁义行，非行仁义也。"

［注释］ ① 几希：很少。 ② 庶物：众物。

［译文］ 孟子说："人和禽兽的区别微乎其微，虽然一般老百姓舍弃它，但君子却保存它。大舜明了事物的道理，体察人们的常情，沿着仁义的道路前进，而不是把仁义当做工具使用。"

［原文］ **8·20** 孟子曰："禹恶旨酒[①]而好善言。汤执中，立贤无方[②]。文王视民如伤，望道而[③]未之见。武王不泄[④]迩，不忘远。周公思兼三王，以施四事，其有不合者，仰而思之，夜以继日；幸而得之，坐以待旦。"

［注释］ ① 旨酒：美酒。 ② 无方：无常，没有固定的标准。 ③ 而：用法同"如"，好像。 ④ 泄：轻侮。

［译文］　孟子说："大禹厌恶美酒却喜欢有益的话。商汤坚持中正之道，但任用贤人却有所权变。文王看待百姓如同他们受到了伤害一样，（因此倍加爱抚。）他寻求道义又似乎没有看见（，因此努力不懈）。武王不怠慢身边大臣，不遗忘远方诸侯。周公想兼学夏、商、周三代的君王，来实践大禹、商汤、文王和武王四位君主的功业，如果有什么不符合的，便夜以继日地思考；一旦侥幸想通，就坐着守到天亮（以立即施行）。"

［原文］　**8·21**　孟子曰："王者之迹熄而《诗》亡，《诗》亡然后《春秋》作。晋之《乘》，楚之《梼杌》，鲁之《春秋》，一也。其事则齐桓、晋文，其文则史。孔子曰：'其义则丘窃取之矣。'"

［译文］　孟子说："圣王采诗的制度废止了，《诗经》便没有了。《诗经》没有了，便诞生了孔子的《春秋》。（各国都有史书，）但晋国的又叫《乘》，楚国的又叫《梼杌》，鲁国的仍称《春秋》，实际上都是同一类史书：所记载的都是如齐桓公、晋文公这些历史人物的事迹，所写的文字都用史书笔法。（孔子则不同，）他说：'《诗经》三百篇中善恶褒贬的微言大义，我已把它借用到《春秋》中去了。'"

［原文］　**8·22**　孟子曰："君子之泽五世而斩，小人之泽五世而斩。予未得为孔子徒也，予私淑①诸人也。"

［注释］　① 淑：通"叔"，拾取，引申为学习。

［译文］　孟子说："君子的流风余韵到了第五代以后便断绝了，小人的流风余韵到了第五代以后也要断绝。我没有赶得上做孔

子的门徒，我是私下向别人学习罢了。”

［原文］ **8·23** 孟子曰：“可以取，可以无取，取伤廉；可以与，可以无与，与伤惠；可以死，可以无死，死伤勇。”

［译文］ 孟子曰：“可以拿，可以不拿，拿了有损廉洁（，当然是不拿为好）；可以给，可以不给，给了便有损恩惠（，当然是不给为宜）；可以死，可以不死，死了便有损勇敢（，当然是不死为当）。”

［原文］ **8·24** 逢蒙学射于羿，尽羿之道，思天下惟羿为愈①己，于是杀羿。孟子曰：“是亦羿有罪焉。”

公明仪曰：“宜若无罪焉。”

曰：“薄乎云尔，恶得无罪？郑人使子濯孺子侵卫，卫使庾公之斯追之。子濯孺子曰：‘今日我疾作，不可以执弓，吾死矣夫！’问其仆曰：‘追我者谁也？’其仆曰：‘庾公之斯也。’曰：‘吾生矣。’其仆曰：‘庾公之斯，卫之善射者也。夫子曰吾生，何谓也？’曰：‘庾公之斯学射于尹公之他，尹公之他学射于我。夫尹公之他，端人也，其取友必端矣。’庾公之斯至，曰：‘夫子何为不执弓？’曰：‘今日我疾作，不可以执弓。’曰：‘小人学射于尹公之他，尹公之他学射于夫子。我不忍以夫子之道反害夫子。虽然，今日之事，君事也，我不敢废。’抽矢，扣轮，去其金②，发乘矢③而后反。”

［注释］ ① 愈：超越。 ② 金：金属制作的箭头。 ③ 乘矢：四只箭。

［译文］

逢蒙向羿学习射箭，完全掌握了羿的箭法，他心想天下只有羿一个人超过自己，因此便杀了羿。孟子就此说："这件事羿也有一定的罪责。"

公明仪说："羿似乎不应承担什么罪责吧！"

孟子说："只是轻一点罢了，但怎么能没有罪责呢？郑国曾经派子濯孺子去侵犯卫国，卫国让庾公之斯追赶他。子濯孺子说：'现在我的病发作了，不能挽弓，我是死定了！'他又问驾车的人：'追赶我的是谁？'驾车的人回答：'是庾公之斯。'子濯孺子听后说道：'我死不了啦！'驾车的问道：'庾公之斯是卫国的射箭高手，但您却说您死不了，这是什么意思？'子濯孺子说：'庾公之斯曾向尹公之他学习射箭，而尹公之他又曾向我学习射箭。尹公之他是个正派人，他所选择的学友也一定很正派。'庾公之斯追来了，问道：'老师为什么不挽弓？'子濯孺子说：'今天我生病了，不能挽弓。'庾公之斯说：'我曾跟尹公之他学习射箭，尹公之他又跟老师学习射箭。我不忍心用您所传授的技艺来伤害您。尽管如此，今天的事情属于国家的公务，我不敢不执行。'于是，他抽出箭在车轮上敲打，把箭头敲去，发了四支便回去了。"

［原文］

8·25　孟子曰："西子蒙不洁，则人皆掩鼻而过之。虽有恶人，斋戒沐浴，则可以祀上帝。"

［译文］

孟子说："如果西施这样的美女沾染上污秽，别人路过她的身旁时，也会捂起鼻子；尽管一个人面貌丑陋，只要他斋戒沐浴，也可以祭祀上帝。"

[原文] **8·26** 孟子曰:"天下之言性也,则故而已矣。故者以利①为本。所恶于智者,为其凿也。如智者若禹之行水也,则无恶于智矣。禹之行水也,行其所无事也。如智者亦行其所无事,则智亦大矣。天之高也,星辰之远也,苟求其故,千岁之日至②,可坐而致也。"

[注释] ① 利:顺。 ② 日至:包括夏至和冬至,这里指冬至。

[译文] 孟子说:"天下谈论人性,只要能了解它的本来面目就行了。了解它的本来面目,就要以顺应自然为基础。我们厌恶自作聪明的人,就是因为这种人喜欢穿凿附会。如果他们能像大禹疏通水流一样,(人们)就不必对聪明抱有什么厌恶之心了。因为大禹疏通水流,(能因势利导,)不露人工的痕迹。如果聪明人也能如此,那他的智慧就很高超了。天很高,星辰很远,只要能探求它们的本来面目,即使千年之后的冬至,坐着也能推算出它具体的时间。"

[原文] **8·27** 公行子有子之丧。右师往吊,入门,有进而与右师言者,有就右师之位而与右师言者。孟子不与右师言,右师不悦,曰:"诸君子皆与驩言,孟子独不与驩言,是简①驩也。"

孟子闻之,曰:"礼,朝廷不历②位而相与言,不逾阶而相揖也。我欲行礼,子敖以我为简,不亦异乎?"

[注释] ① 简:简傲。 ② 历:跨越。

[译文] 公行子的儿子死了,右师前去吊丧,一进门便有人上前与

他交谈，还有人在他就座后走到坐席旁边和他说话。但孟子没有理他，右师很不高兴，说："各位大夫都同我交谈，唯独孟子没有，这是简慢于我。"

孟子知道后说："按照礼仪，在朝廷上不能越过座次交谈，也不能越过台阶作揖。我想依礼行事，子敖却认为我简慢了他，这不是奇怪吗？"

[原文]

8·28 孟子曰："君子所以异于人者，以其存心也。君子以仁存心，以礼存心。仁者爱人，有礼者敬人。爱人者，人恒爱之；敬人者，人恒敬之。有人于此，其待我以横逆①，则君子必自反也：我必不仁也，必无礼也，此物奚宜至哉？其自反而仁矣，自反而有礼矣，其横逆由是也，君子必自反也，我必不忠。自反而忠矣，其横逆由是也，君子曰：'此亦妄人也已矣。如此，则与禽兽奚择②哉？于禽兽又何难③焉？'是故君子有终身之忧，无一朝之患也。乃若所忧则有之：舜，人也；我，亦人也。舜为法于天下，可传于后世，我由未免为乡人也，是则可忧也。忧之如何？如舜而已矣。若夫君子所患则亡矣。非仁无为也，非礼无行也。如有一朝之患，则君子不患矣。"

[注释] ① 横逆：强暴不讲理。 ② 奚择：何异。 ③ 难：责难。

[译文]

孟子说："君子与一般人相区别的地方，就在于他的居心。君子用仁充塞心灵，以礼占据心灵。奉行仁的人爱人，讲究礼的人尊敬人；爱人的人别人也常常爱他，尊敬人的人别人也常常尊敬他。现在这里有一个人，他用蛮横无理的态度对待我，那君子一定要这样自我反省:我一定不仁,一定无理,不然,为什么会招致这样的态度呢?如果反省的结果是自己既做到了仁,也很有礼,但对方蛮横如故,那么,君子又一定要自我反省:我肯定还不够忠恳。反省的结果是自己做到了忠恳,但对方蛮横的态度仍然不变,君子就会说:'这个人是一个狂妄者罢了;既然这样,那与禽兽有什么不同呢?对禽兽又有什么值得责备的呢?'所以君子有终身的忧患,而没有突然而来的痛苦。他所忧虑的是这些:舜是人,我也是人;舜能成为天下的典范,并一直流传后世,而我还走不出普通人的行列。这是值得忧虑的。忧虑了又该怎么办呢?像舜那样罢了。至于君子,就没有什么其他的痛苦了。不仁的事不做,无礼的事不干。如果遇到飞来横祸,君子也不会痛苦了。"

[原文]

8·29 禹、稷当平世,三过其门而不入,孔子贤①之。颜子当乱世,居于陋巷,一箪食,一瓢饮,人不堪其忧,颜子不改其乐,孔子贤之。孟子曰:"禹、稷、颜回同道。禹思天下有溺者,由②己溺③之也;稷思天下有饥者,由己饥之也,是以如是其急也。禹、稷、颜子易地则皆然。今有同室之人斗者,救之,虽被发缨冠④而救之,可也。乡邻有斗者,被发缨冠而往救之,则惑也,虽闭户可也。"

[注释]

① 贤:以……为贤。 ② 由:通"犹",好比。 ③ 溺:使……溺水。 ④ 被发缨冠:古人出门,要把头发束起来,戴上帽子,系上帽带。这里说情况紧急,就披散着头发,戴上帽子,连帽带也来不及系上。被,通"披"。

[译文]

禹、稷处于太平时代,(却因事务繁忙,)三次路过自己的家门都没有进去，孔子很是赞赏；颜子处于乱世，住在狭小的巷子里，一筐饭，一瓢水，别人忍受不了这种清苦的生活，他却坚定不移地自得其乐，孔子也很赞赏他。孟子说："禹、稷、颜回（的处世方法不同，但）道理却相通：禹想到天下有被洪水淹没的人，就感到好像是自己把他们推到水中一样；稷想到天下有忍饥挨饿的人，就感到如同是自己使他们空着肚子一样。（正因为如此，）这两个人挽救百姓才如此急迫。如果把禹、稷和颜子交换一下地位，禹、稷会忍受清贫，自得其乐，颜子也会三遇家门而不入。假如同室的人互相殴斗，我去解救他们，即使披着头发，连帽带子也来不及结上（便急忙赶去）都可以；假如乡邻互相殴斗，也这样赶去劝阻，那就糊涂了。（实际上在这种情况下，）就是把门关上也是可以的。（颜子就是这样。）"

［原文］

8·30 公都子曰："匡章，通国皆称不孝焉。夫子与之游，又从而礼貌之，敢问何也？"

孟子曰："世俗所谓不孝者五：惰其四支①，不顾父母之养，一不孝也；博奕②好饮酒，不顾父母之养，二不孝也；好货财，私③妻子，不顾父母之养，三不孝也；从④耳目之欲，以为父母戮⑤，四不孝也；好勇斗很⑥，以危父母，五不孝也。章子有一于是乎？夫章子，子父责善而不相遇也。责善，朋友之道也。父子责善，贼⑦恩之大者。夫章子，岂不欲有夫妻子母之属哉？为得罪于父，不得近，出妻屏⑧子，终身不养焉。其设心以为不若是，是则罪之大者，是则章子已矣。"

［注释］ ① 四支：四肢。 ② 博弈：下棋。 ③ 私：偏爱。 ④ 从：

通“纵”。 ⑤ 戮：羞辱。 ⑥ 很：是“狠”的本字。 ⑦ 贼：戕害。 ⑧ 屏：通“摒”。

［译文］

公都子说：“匡章这个人，全国都说他不孝，而您却同他交往，并且相当敬重他，请问这是什么原因？”

孟子说：“世俗认为不孝的事情有五件：四体不勤，不管父母的奉养，这是一不孝；贪爱下棋饮酒，不管父母的奉养，这是二不孝；贪图钱财，偏爱妻子儿女，不管父母的奉养，这是三不孝；纵情声色，使父母蒙受耻辱，这是四不孝；逞勇斗殴，连累父母，这是五不孝。你看章子做了这五件事情中的哪一件呢？章子只不过是因父子之间以善相责而把彼此的关系搞僵罢了。以善相责这是交友之道；父子之间如以善相责，是最伤害感情的。章子难道不想有夫妻母子相谐的天伦之乐吗？他因为得罪了父亲，不能和他亲近，便赶走妻子，撵走儿子，终身不让他们奉养。他想如果不这样，那么罪过更大，这就是章子的为人。”

［原文］

8·31 曾子居武城，有越寇。或曰：“寇至，盍去诸？”曰：“无寓人于我室，毁伤其薪木。”寇退，则曰：“修我墙屋，我将反。”寇退，曾子反。左右曰：“待先生如此其忠且敬也，寇至则先去以为民望；寇退则反，殆[1]于不可。”沈犹行曰：“是非汝所知也。昔沈犹有负刍之祸，从先生者七十人，未有与焉。”

子思居于卫，有齐寇。或曰：“寇至，盍去诸？”子思曰：“如伋[2]去，君谁与守？”

孟子曰：“曾子、子思同道。曾子，师也，父兄也。子思，臣也，微也。曾子、子思易地则皆然。”

［注释］

① 殆：近。　② 伋：子思的名。

［译文］

曾子住在武城，正逢越国的军队来侵犯。有人说："敌兵到了，为什么不走呢？"曾子说："（可以。但）不要让人住在我的屋子里，破坏这些树木。"敌兵退去，曾子说："把我的墙屋修理一下，我要回去。"敌兵走了，曾子便回来了。他身边的人说："武城的官员这样忠诚恭敬地对待先生，但当敌兵来临时您却最早离去，给百姓做了个不好的榜样；敌兵退后您又立即返回，这大概不好吧？"沈犹行说："这不是你们所能了解的。以前先生跟我住在一起，有一个叫负刍的人闹乱子，跟随先生的七十个门徒都走了。"

子思住在卫国，齐国军队前来侵犯。有的人说："敌兵到了，为什么不走？"子思说："如果我离开了，谁和卫君一同守城？"

孟子说："曾子和子思走的是同一条道路。曾子那时是老师，是父兄一辈的长者；子思那时是臣子，是地位卑下的人。他们如果交换位置，都会那样做的。"

［原文］

8·32　储子曰："王使人瞷夫子，果有以异于人乎？"

孟子曰："何以异于人哉？尧、舜与人同耳。"

［译文］

储子说："大王派人窥视您，您果真有不同于常人的地方吗？"

孟子说："哪有与常人不同的地方呢？连尧、舜也是跟众人一样的人。"

［原文］

8·33 齐人有一妻一妾而处室者。其良人①出，则必餍酒肉而后反。其妻问所与饮食者，则尽富贵也。其妻告其妾曰："良人出，则必餍酒肉而后反，问其与饮食者，尽富贵也，而未尝有显者来，吾将瞷良人之所之也。"

蚤②起，施③从良人之所之，遍国中④无与立谈者。卒⑤之东郭墦间⑥，之祭者乞其余，不足，又顾而之他。此其为餍足之道也。

其妻归，告其妾，曰："良人者，所仰望而终身也，今若此。"与其妾讪其良人，而相泣于中庭，而良人未之知也，施施⑦从外来，骄其妻妾。

由君子观之，则人之所以求富贵利达者，其妻妾不羞也而不相泣者，几希矣。

［注释］

① 良人：古时妇人呼丈夫为"良人"。 ② 蚤：通"早"。 ③ 施：斜。 ④ 国中：国都里。 ⑤ 卒：最后。 ⑥ 墦间：坟墓之间。 ⑦ 施施：兴高采烈的样子。

［译文］

齐国有一个人，家中有一妻一妾。他每次外出，必定吃饱喝足地回来。他的妻子问与他一起吃喝的是些什么人，他说都是有钱有势的。妻子便告诉他的妾："我们的丈夫每次外出，都必定酒足饭饱地回来；问和他一道吃喝的是些什么人，他说都是有钱有势的。可是我们不曾见到什么显贵的人物光顾我们的家。我要悄悄地窥探我们的丈夫到什么地方去。"

第二天一清早，妻子便起身了，她跟在丈夫的身后尾随而行，可走遍城中，竟没有一个人站住与她的丈夫交谈。最后一直到了东郊的墓地。丈夫走向祭扫的人，讨些残羹剩饭；没有吃饱，于是又四处张望，向别人乞讨。这就是他吃饱喝足的方法。

他的妻子回到家中，把见到的情形告诉了他的妾，说："丈夫是我们仰望而依托终身的人，现在竟落到这种地步。"于是两个人一道在庭中一边咒骂，一边哭泣；而她们的丈夫却一点也不知道，得意洋洋地从外面回来，在她们面前要起威风。

在君子看来，一个人追求荣华富贵而不能让其妻妾感到耻辱并因此哭泣，能这样的人几乎没有。

卷九 万章章句上

凡九章

[原文]

9·1 万章问曰："舜往于田，号泣于旻天①，何为其号泣也？"

孟子曰："怨慕②也。"

万章曰："'父母爱之，喜而不忘。父母恶之，劳而不怨。'然则舜怨乎？"

曰："长息问于公明高曰：'舜往于田，则吾既得闻命矣。号泣于旻天，于父母，则吾不知也。'公明高曰：'是非尔所知也。'夫公明高以孝子之心为不若是恝③。我竭力耕田，共④为子职而已矣。父母之不我爱，于我何哉？帝使其子九男二女，百官牛羊仓廪备，以事舜于畎亩⑤之中，天下之士多就之者，帝将胥天下而迁之焉。为不顺于父母，如穷人无所归。天下之士悦之，人之所欲也，而不足以解忧；好色，人之所欲，妻帝之二女，而不足以解忧；富，人之所欲，富有天下，而不足以解忧；贵，人之所欲，贵为天子，而不足以解忧。人悦之、好色、富贵，无足以解忧者，惟顺于父母可以解忧。人少则慕父母，知好色则慕少艾⑥，有妻子则慕妻子，仕则慕君，不得于君则热中⑦。大孝终身慕父母。五十而慕者，予于大舜见之矣。"

[注释]

① 旻天：秋天叫旻天。这里是天的统称。 ② 慕：依恋。

③ 恝:无忧无虑的样子。　④ 共:通“恭”。　⑤ 畎亩:田地。
⑥ 少艾:年轻美貌的人。　⑦ 热中:内心焦躁发热。

[译文]

万章问道:“大舜到田野去,对着苍天哭诉,这是为什么呢?”

孟子答道:“这是因为他一方面怨恨父母,一方面又怀恋父母。”

万章说:“曾子说过:‘父母喜爱他,虽然很高兴,但不可忘乎所以而有所懈怠;父母讨厌他,虽然很苦恼,但却不能因此而埋怨。’那么,大舜是否怨恨自己的父母呢?”

孟子说:“以前,长息曾问公明高:‘大舜到田野去,这个我已经知道;但他用向苍天哭诉的方法对待父母,那我就不理解了。’公明高说:‘这不是你所能明白的。’公明高认为,作为一个孝子,他不能抱有这样无所谓的心理:我尽力耕田,恭敬地恪守人子之职就行了;至于父母不喜爱我,那又能怎么办呢?帝尧派他的孩子——共九男二女——还有百官备好牛羊、粮食等物,到田里去侍奉大舜。天下的士人也有不少投奔他的,尧便把整个天下禅让给了大舜。但大舜自己因为得不到父母的欢心而仍像孤独穷困、无所依靠的人一样。天下的士人都爱戴他,这是每个人都愿意的,但却不足以解除他的烦恼;美女是每个人都喜爱的,帝尧把两个女儿嫁给他,但也不足以消除他的忧虑;财富是每个人都想得到的,大舜占有了天下的财富,但却不足以使他从愁苦中解脱出来;尊贵是每个人都想攫取的,大舜贵为天子,但却不能使他摆脱忧患。众人对他的喜爱以及美女、富贵都不能消除他的忧愁,只有得到父母的欢心才能给他带来安慰。少年时代依恋父母;到了爱好美色的年纪,便倾慕年轻漂亮的女人;有了妻室,又迷恋妻子;走上仕途,便倾心君主,如果得不到君主的青睐,便焦躁不安。只有最讲孝道的人才能终身怀恋父母。到了五十岁仍然怀恋父母的，我是在大舜身上看到的。”

［原文］

9·2 万章问曰：“《诗》云：‘娶妻如之何？必告父母。’信斯言也，宜莫如舜。舜之不告而娶，何也？”

孟子曰：“告则不得娶。男女居室，人之大伦也。如告，则废人之大伦，以怼[①]父母，是以不告也。”

万章曰：“舜之不告而娶，则吾既得闻命矣。帝之妻[②]舜而不告，何也？”

曰：“帝亦知告焉则不得妻也。”

万章曰：“父母使舜完廪[③]，捐阶[④]，瞽瞍焚廪。使浚[⑤]井，出，从而揜[⑥]之。象曰：‘谟盖都君咸我绩[⑦]，牛羊，父母；仓廪，父母。干戈，朕[⑧]；琴，朕；弤[⑨]，朕；二嫂，使治朕栖[⑩]。’象往入舜宫，舜在床琴[⑪]。象曰：‘郁陶[⑫]思君尔。’忸怩。舜曰：‘惟兹臣庶，汝其于[⑬]予治。’不识舜不知象之将杀己与？”

曰：“奚而不知也？象忧亦忧，象喜亦喜。”

曰：“然则舜伪喜者与？”

曰：“否。昔者有馈生鱼于郑子产，子产使校人[⑭]畜之池。校人烹之，反命曰：‘始舍之，圉圉焉[⑮]；少则洋洋焉[⑯]；攸然而逝。’子产曰：‘得其所哉！得其所哉！’校人出，曰：‘孰谓子产智？予既烹而食之，曰，得其所哉，得其所哉。’故君子可欺以其方，难罔[⑰]以非其道。彼以爱兄之道来，故诚信而喜之，奚伪焉？”

［注释］　①怼：怨恨。　②妻：把女儿嫁给他。　③完廪：修缮粮仓。　④捐阶：扔掉梯子。　⑤浚：疏通。　⑥揜：覆盖。　⑦谟盖都君咸我绩：谟，谋。盖，通“害”。都君，指舜。咸，全都。绩，功劳。　⑧朕：先秦时期第一人称的自称，后来成为皇帝自称的专有词。　⑨弤：弓。　⑩栖：床。　⑪琴：名词作动词，鼓琴。　⑫郁陶：思念的样子。　⑬于：帮助。　⑭校人：管理池塘养鱼的官吏。　⑮圉圉焉：体弱乏力样子。　⑯洋洋焉：欢快活泼的样子。　⑰罔：通“惘”。迷惑，欺骗。

［译文］

万章问道：“《诗经》中说：‘迎娶妻室该怎么做呢？一定要先禀告父母。’应该没有人能比大舜更信奉这句古训了；然而大舜却没有禀告父母便娶了妻室，这是为什么？”

孟子说：“因为禀告了便娶不了妻室。男婚女嫁，是人生最重要的常道。大舜如果禀告了，（他的父母必不同意，）那就废除了这一人生常道，结果要埋怨父母，所以大舜没有禀告。”

万章说：“大舜没有先禀告父母便娶了妻室，这我已经知道了。可帝尧把女儿嫁给了大舜也没有告知大舜的父母，这又是为什么呢？”

孟子说：“帝尧也明白，只要告知对方，女儿就嫁不出去。”

万章说：“大舜的父母让大舜去修缮粮仓，可等大舜爬上屋顶却撤走了梯子，他父亲瞽瞍还焚烧了粮仓（，幸好大舜设法逃脱了）。又打发大舜去淘井，（瞽瞍不知道大舜已从旁边的洞穴）出来，便用土堵塞了井口（，试图害死大舜）。大舜弟弟象以为哥哥死了，便说：‘谋杀大舜都是我的功绩，牛羊和粮仓都归父母，干戈、琴和弤弓都归我，两位嫂嫂可以替我铺床叠被。’象走进大舜的住所，却看到大舜正坐在床边弹琴，他赶忙说：‘我是那样思念兄长啊！’但神情却忸怩不安。大舜说：

‘我十分惦记这些臣下和百姓,你协助我管理吧!’不知道大舜当时是否知道象要杀害他?”

孟子说:“怎么不知道呢?象忧愁他也忧愁,象高兴他也高兴。”

万章说:“那么大舜是假装高兴了?”

孟子说:“不是。过去曾有人送给郑国的子产一条活鱼,子产让管理池塘的人放在水中养起来。但那人却把鱼烹杀吃了,并报告子产说:‘我刚把鱼儿放到水中的时候,它还没精打采,可过了一会儿便摇头摆尾地活跃起来,很快消失在水中。’子产说:‘它找到了它应该去的地方啊,它找到了它应该去的地方啊!’那个人出来,说道:‘谁说子产这个人聪明?我已经把鱼烹杀吃了,他还说什么鱼儿找到了它应该去的地方,鱼儿找到了它应该去的地方!’所以对于君子,可以用合乎情理的方法欺骗他,但却难以用歪门邪道去蒙蔽他。象既然装着敬爱兄长的样子来见大舜,所以大舜便信以为真而十分高兴,这怎么能是伪装呢?”

[原文]

9·3 万章问曰:“象日以杀舜为事。立为天子则放①之,何也?”

孟子曰:“封之也,或曰放焉。”

万章曰:“舜流共工于幽州,放驩兜于崇山,杀三苗于三危,殛②鲧于羽山,四罪③而天下咸服,诛不仁也。象至不仁,封之有庳。有庳之人奚罪焉?仁人固如是乎?在他人则诛之,在弟则封之?”

曰:“仁人之于弟也,不藏怒焉,不宿怨④焉,亲爱之而已矣。亲之,欲其贵也;爱之,欲其富也。封之有庳,富贵⑤之也。身为天子,弟为匹夫,可谓亲爱之乎？”

“敢问或曰放者，何谓也？”

曰：“象不得有为于其国，天子使吏治其国而纳其贡税焉，故谓之放。岂得暴彼民哉？虽然，欲常常而见之，故源源而来，‘不及贡，以政接于有庳’。此之谓也。”

［注释］

① 放：流放。　② 殛：杀死。　③ 四罪：指上面所提及的四凶受到惩处。罪，这里作动词，因有罪而受到惩处。　④ 宿怨：存留怨恨。　⑤ 富贵：使……富贵。

［译文］

万章问道：“象把杀害大舜当做他每天的事务，等大舜做了天子后，只是流放了他，这是为什么？”

孟子说：“实际上是封象做了诸侯，不过有人说流放了。”

万章说：“大舜把共工流放到幽州，把驩兜放逐到崇山，把三苗赶到三危，把鲧杀死在羽山，处罚了这四个罪犯，天下便都归服了，因为这是讨伐不仁之人。象是最不讲仁爱的，却把他封在有庳国。有庳国的百姓有什么罪过呢？仁爱之人本应该这样吗？对别人就加以处罚，对弟弟就封之为侯？”

孟子说：“仁爱之人对于弟弟，不把怒气藏在心底，不把怨恨留在胸中，只是亲近他、爱护他罢了。亲近他，是想让他尊贵起来；爱护他，是想让他富有起来。大舜把象封在有庳国，就是要使他尊贵而富有。自己做了天子，而弟弟却还是普通老百姓，能算得上亲近他、爱护他吗？”

万章说：“请问，有的人说是流放，为什么呢？”

孟子说：“象不能在他的封国有所作为，天子便派遣官吏来协助他治理国家，并上缴贡税，所以有人说是流放。（这样做，）象难道还能暴虐他的老百姓吗？尽管如此，大舜还是想常常见到他，因此不断让象到朝廷中来，（古书上说：）‘不到朝贡的时候，也常假借处理政事接见有庳国君。’说的就是这件事。”

［原文］

9·4　咸丘蒙问曰：“语云：盛德之士，君不得而臣，父不得而子。舜南面而立，尧帅诸侯北面而朝之，瞽瞍亦北面而朝之。舜见瞽瞍，其容有蹙[①]。孔子曰：‘于斯时也，天下殆[②]哉，岌岌乎[③]！’不识此语诚然乎哉？”

孟子曰：“否！此非君子之言，齐东野人[④]之语也。尧老而舜摄[⑤]也。《尧典》曰：‘二十有[⑥]八载，放勋[⑦]乃徂落[⑧]，百姓如丧考妣[⑨]。三年，四海遏密八音[⑩]。’孔子曰：‘天无二日，民无二王。’舜既为天子矣，又帅天下诸侯以为尧三年丧，是二天子矣。”

咸丘蒙曰：“舜之不臣尧，则吾既得闻命矣。《诗》云：‘普天之下，莫非王土。率土之滨，莫非王臣。’而舜既为天子矣，敢问瞽瞍之非臣，如何？”

曰：“是诗也，非是之谓也。劳于王事而不得养父母也。曰：‘此莫非王事，我独贤劳[⑪]也。’故说诗者不以文害辞[⑫]，不以辞害志[⑬]。以意逆[⑭]志，是为得之，如以辞而已矣，《云汉》之诗曰：‘周余黎民，靡有孑遗[⑮]。’信斯言也，是周无遗民也。孝子之至，莫大乎尊亲。尊亲之至，莫大乎以天下养。为天子父，尊之至也。以天下养，养之至也。《诗》曰：‘永言孝思，孝思惟则。’此之谓也。《书》曰：‘祗载[⑯]见瞽瞍，夔夔齐栗[⑰]，瞽瞍亦允若[⑱]。’是为父不得而子也[19]？"

［注释］

①蹙：不安的样子。　②殆：危险。　③岌岌乎：形容非常危险的样子。　④野人：老百姓。　⑤摄：摄政。　⑥有：通"又"。　⑦放勋：尧的称号。　⑧徂落：死。　⑨考妣：对已逝的父母的称呼。　⑩遏密八音：禁止演奏音乐，保持静谧。遏，禁止。密，静谧。八音，金、石、丝、竹、匏、土、革、木这八种质地的乐器。　⑪贤劳：辛劳。　⑫以文害辞：因为拘泥于文字而误解词句。　⑬以辞害志：因为拘泥于词句而误解文意。　⑭逆：推测。　⑮靡有孑遗：没有剩下的。靡，表否定。孑，遗留。　⑯祇载：恭敬。　⑰夔夔齐栗：慎重战栗的样子。齐，通"斋"。　⑱允若：信顺。　⑲也：通"耶"，表示反诘语气。

［译文］

咸丘蒙问道："俗话说：'道德高尚的人，君主不能把他当做臣属，父亲不能把他当做儿子。'（大舜便是这种人，）他做了天子后，尧率领诸侯向着北面朝拜他，瞽瞍也朝着北面拜见他。当大舜看见瞽瞍的时候，便有些局促不安。孔子说：'这个时候，天下真是岌岌乎危险哩！'不知道这话是否与实际情形相符？"

孟子说："不。这不是君子所说的，而是齐东乡下人的话。（尧做天子，）到了老年的时候便让大舜代理。《尧典》上说：'二十八年以后，尧去世了，朝中百官如同死了父母一样悲伤，为之服丧三年，老百姓也废止一切音乐。'孔子说：'天上没有两个太阳，地上没有两个天子。'要是大舜在尧去世前就已做了天子，又率领各方诸侯为尧服丧三年，那么这就是有两个天子了。"

咸丘蒙说："大舜不把尧当做臣下看待，这我已经知道了。《诗经》中说：'普天之下，没有一块土地不是天子的属地；四海之内，没有一个百姓不是天子的臣民。'既然大舜已做了天子，请问瞽瞍却不算他的臣民，这是为什么？”

孟子说：“这几句诗说的不是这个意思，而是说作者因忙于国事不能侍奉父母。他在说：‘这些事务没有一件不是天子的事务，却只有我一个人勤勉地工作。’所以解说诗句的人不能拘泥于文字而误解词句，也不能拘泥于词句而误解文意。用自身的体会去推测作者的用心，这才是真正领会了。如果仅仅依据词句，那么，《云汉》这首诗说：‘周代的遗民，没有一个存留下来。’若真的相信这句话，就是说周代没有剩下一个子民了。孝子孝顺到极点，没有超过尊敬父母的；尊敬父母尊敬到极点，没有超过用天下奉养的。作为天子的父亲，这已尊贵到了极致；用天下奉养父亲，这是最高的奉养了。《诗经》中说：‘永远遵守孝道，孝道便成了天下的准则。’说的就是这个意思。《尚书》中也说：‘大舜恭敬地去见瞽瞍，他是那样地诚惶诚恐，瞽瞍也因此依理行事。’这怎么能说‘父亲不能把他当做儿子’呢？”

［原文］

9·5 万章曰：“尧以天下与舜，有诸？”

孟子曰：“否。天子不能以天下与人。”

“然则舜有天下也，孰与之？”

曰：“天与之。”

“天与之者，谆谆然①命之乎？”

曰：“否。天不言，以行与事示之而已矣。”

曰：“以行与事示之者，如之何？”

曰：“天子能荐人于天，不能使天与之天下。诸侯能荐人于天子，不能使天子与之诸侯。大夫能荐人于诸侯，不能使诸侯与之大夫。昔者，尧荐舜于天而天受之，暴②之于民而民受之。故曰：天不言，以行与事示之而已矣。”

“曰：敢问荐之于天而天受之，暴之于民而民受之，如何？”

曰：“使之主祭，而百神享之，是天受之；使之主事而事治，百姓安之，是民受之也。天与之，人与之，故曰天子不能以天下与人。舜相尧二十有八载，非人之所能为也，天也。尧崩③，三年之丧毕，舜避尧之子于南河之南，天下诸侯朝觐者，不之④尧之子而之舜；讼狱⑤者，不之尧之子而之舜；讴歌者，不讴歌尧之子而讴歌舜，故曰天也。夫然后之中国，践天子位焉。而⑥居尧之宫，逼尧之子，是篡也，非天与也。《太誓》曰：‘天视自我民视，天听自我民听。’此之谓也。”

［注释］　① 谆谆然：反复叮咛的样子。　② 暴：通“曝”，显示。　③ 崩：天子死亡。　④ 之：到……去。　⑤ 讼狱：打官司。　⑥ 而：表假设。

［译文］　万章说：“尧把天下给了大舜，有这么回事吗？”

孟子说：“没有。天子不能随便把天下给予别人。”

万章说：“那么大舜拥有天下，是谁给予的呢？”

孟子说：“是上天给予的。”

万章又说：“上天授予他，是反复叮嘱再授命给他的吗？”

孟子说：“不是。天不会说话，只是用行动和事实表示它的意图罢了。”

万章说：“天又是怎样用行动和事实表示它的意图呢？”

孟子说：“天子可以向上天举荐人才，但却不能让上天把天下授予他；诸侯可以向天子举荐人才，但却不能让天子把诸侯的职位授予他；大夫可以向诸侯举荐人才，但却不能让诸侯把大夫的职位授予他。过去，尧把大舜举荐给上天，而上天接受了；又向百姓公布，百姓又接受了。所以说，上天不会说话，只是用行动和事实表示罢了。”

万章说：“请问，向上天举荐，上天接受了；向百姓公布，百姓又接受了，这是怎么回事？”

孟子说：“派他主持祭祀，众神都来享用，这就意味着上天接受了。让他主持政事，政事有条不紊，百姓非常安乐，这就意味着百姓也接受了。上天授予他，百姓授予他，所以说天子不能随便把天下授予别人。大舜辅佐尧治理天下二十八年，这不是人的意志所能办到的，而是上天的安排。尧去世了，三年的丧期完毕，大舜为了使尧的儿子继位，便逃避到南河的南面。尽管如此，各方诸侯要朝见天子的，仍不到尧的儿子那里去，而到大舜这里来；打官司的也不到尧的儿子那里去，而是到大舜这里来；歌颂的人也不歌颂尧的儿子，而歌颂大舜。所以说，这是上天的安排。这样，大舜才回到京都，登上天子之位。假如大舜住在尧的宫殿里，强迫尧的儿子让位，那就是篡夺了，就不是上天授予的。《泰誓》中说：‘百姓的眼睛就是上天的眼睛，百姓的耳朵就是上天的耳朵。’强调的就是这个意思。”

［原文］

9·6 万章问曰：“人有言‘至于禹而德衰，不传于贤而传于子’，有诸？”

孟子曰：“否，不然也。天与贤，则与贤；天与子，则与子。昔者，舜荐禹于天，十有七年，舜崩。三年之丧毕，禹避舜之子于阳城，天下之民从之，若尧崩之后不从尧之子而从舜也。禹荐益于天，七年，禹崩。三年之丧毕，益避禹之子于箕山之阴①。朝觐讼狱者不之益而之启，曰：'吾君之子也。'讴歌者不讴歌益而讴歌启，曰：'吾君之子也。'丹朱之不肖，舜之子亦不肖。舜之相尧、禹之相舜也，历年多，施泽于民久。启贤，能敬承继禹之道。益之相禹也，历年少，施泽于民未久。舜、禹、益相去久远，其子之贤不肖，皆天也，非人之所能为也。莫之为而为者，天也；莫之致而至者，命也。匹夫而有天下者，德必若舜、禹，而又有天子荐之者，故仲尼不有天下。继世以有天下，天之所废，必若桀、纣者也，故益、伊尹、周公不有天下。伊尹相汤以王于天下，汤崩，太丁未立，外丙二年，仲壬四年。太甲颠覆汤之典刑②，伊尹放之于桐三年。太甲悔过，自怨自艾③，于桐处仁迁义三年，以听伊尹之训己也，复归于亳。周公之不有天下，犹益之于夏、伊尹之于殷也。孔子曰：'唐虞禅④，夏后殷周继，其义一也。'"

［注释］

① 阴：山之北叫阴。　② 典刑：即"典型"，可以效仿的法度。

③ 艾：治理，引申为悔改。　④ 禅：禅让。

［译文］

万章问道："有人说，'到了禹道德便沦落了，天下不传给圣贤之人，而传给儿子'，有这么回事吗？"

孟子说："不，不是这样的。如果上天要传给圣贤之人，便传给圣贤之人；如果上天要传给儿子，便传给儿子。过去，大舜把禹举荐给上天，十七年之后，大舜死了，三年之丧完毕，禹为了让位给大舜的儿子，便躲避到阳城，但天下的老百姓却仍追随着他，就如同尧死后老百姓不追随尧的儿子而追随大舜一样。禹把益荐举给上天，七年之后，禹死了，三年的丧期完毕，益为了使禹的儿子继位，便逃避到箕山的北面去了。（结果，）朝见的、打官司的便不到益这里来而到启那里去了，并说：'这是我们君主的儿子。'唱颂歌的不歌颂益而歌颂启，也说：'这是我们君主的儿子。'尧的儿子丹朱不贤，舜的儿子也不好。舜辅佐尧、禹辅佐舜，经历了很长时间，因此他们向老百姓普施恩惠的时间也久。（启和益就不一样了。）启为人贤明，能够虔诚地继承他父亲的传统。益辅佐禹的时间不长，所以他对老百姓施行恩惠的时间也短。舜、禹、益三人相距时间的长短，他们儿子的好坏，都是上天的安排，不是人的意志所能决定的。没有人叫他那样做他却做了，这就是所谓的天意；没有人招致它却来了，这就是所谓的命运。普通人能主宰天下，他必定有如大舜和禹一样的德行，并且又有天子的举荐，所以孔子（虽然人格高尚，但因没有天子举荐，）就不能主宰天下。因世代相传而获得天下，但最终却被上天废弃的，必定是夏桀和商纣这样的人，因此，益、伊尹、周公（虽为圣贤之人，但因他们所侍奉的君主不像桀、纣那样与上天为敌，）便不可能拥有天下。伊尹辅佐商汤实现了统一大业，商汤死后，太丁没有继位就去世了。外丙在位二年，仲壬在位四年。（之后，太丁的儿子太甲继位，）他破坏了商汤的法典，伊尹便把他流放到桐这个地方。三年之后，太甲悔过自新，自我谴责，就在桐邑诚心向仁，追求道义。三年之后，因为听从了伊尹对自己的训示，便又回到了亳地。周公不能拥有天下，就如同益在夏代、伊尹在殷代一样。孔子说：'唐尧、虞舜实行禅让，夏、商、周却子孙相传，道理都是一样的。'"

［原文］

9·7 万章问曰："人有言'伊尹以割烹要汤①'，

有诸?”

孟子曰:“否,不然。伊尹耕于有莘之野,而乐尧、舜之道焉。非其义也,非其道也,禄之以天下弗顾也,系马千驷[2]弗视也。非其义也,非其道也,一介[3]不以与人,一介不以取诸人。汤使人以币[4]聘之,嚣嚣然[5]曰:‘我何以汤之聘币为哉?我岂若处畎亩之中,由是以乐尧、舜之道哉?’汤三使往聘之,既而幡然[6]改曰:‘与[7]我处畎亩之中,由是以乐尧、舜之道,吾岂若使是君为尧、舜之君哉?吾岂若使是民为尧、舜之民哉?吾岂若于吾身亲见之哉?天之生此民也,使先知觉[8]后知,使先觉觉后觉也。予,天民之先觉者也,予将以斯道觉斯民也,非予觉之而谁也?’思天下之民,匹夫匹妇有不被尧、舜之泽者,若己推而内[9]之沟中,其自任以天下之重如此,故就汤而说[10]之以伐夏救民。吾未闻枉[11]己而正人者也,况辱己以正天下者乎?圣人之行不同也,或远或近,或去或不去,归洁其身而已矣。吾闻其以尧、舜之道要汤,未闻以割烹也。《伊训》曰:‘天诛造攻自牧宫,朕载自亳[12]。’”

[注释] ① 伊尹以割烹要汤:古书上记载,伊尹利用谈论美味的机会,成功地说服了商汤。 ② 千驷:四千匹马。一驷是四匹马。 ③ 介:通“芥”,极细小的东西。 ④ 币:本义是缯帛。古代一般用缯帛作为礼聘的物品。 ⑤ 嚣嚣然:悠闲的样子。 ⑥ 幡然:悔改的样子。幡,通“翻”。 ⑦ 与:与其。 ⑧ 觉:使……觉悟。 ⑨ 内:通“纳”。 ⑩ 说:说服。 ⑪ 枉:使……弯曲。 ⑫ 天诛造攻自牧宫,朕载自亳:上天对夏桀的讨伐,是从他营造牧宫开始的,我(对夏桀的讨伐)则是从亳邑开始谋划的。造,开始。牧宫,夏桀的宫殿名。

载，开始。

［译文］

万章问道："有人说'伊尹用烹调术去干求商汤'，有这么回事吗？"

孟子说："不，不是这样。伊尹在莘国的郊野耕作，并乐于奉行尧舜之道。如果不合道义，即使以天下的财富作为他的俸禄，他也不屑一顾；即使他的面前系着四千匹马，他也不看一眼。如果不合道义，他不会给别人一点东西，也不会拿走别人一点东西。商汤曾让人带着礼物去聘请他，他十分平静地说：'我为什么要接受汤的聘礼呢？我为什么不像现在这样栖身田野之中，由此以奉行尧舜之道为乐呢？'商汤数次派人去聘请他，他才完全改变态度说：'我与其身处草野，由此以奉行尧舜之道为乐，何不使目前的这个君主成为尧舜一样的君主呢？何不使现在的这些百姓成为尧舜时代那样的百姓呢？又何不使我亲眼目睹尧舜盛世重现呢？上天降生这些百姓，就是让先知先觉的人帮助后知后觉的人醒悟。我是百姓中的先觉者，我要用尧舜之道去帮助这些百姓觉悟过来。我不使他们觉悟，又有谁能帮助他们呢？'伊尹这样想：天下百姓中只要有一个男子或一个妇女没有沐浴到尧舜时代那样的恩泽，就（应该看做）好像自己把他们推到水沟中一样。他就是这样把天下的重任承担起来，所以便到商汤那里向他陈述讨伐夏桀、拯救民众的道理。我从没有听说过扭曲自己而能匡正别人的，何况那些使自己遭受屈辱而去匡正别人的人呢？圣人的行为各不相同，有的疏远君主，有的接近君主；有的离开朝廷，有的依恋朝廷，归根结底，都得保持身心的高洁罢了。我只听说伊尹以尧舜之道去干求商汤，却从未听说以烹调技艺作为干求的手段。《伊训》中说：'上天对夏桀的讨伐，是从他营造牧宫开始的，我（对夏桀的讨伐）则是从亳邑开始谋划的。'"

［原文］

9·8　万章问曰："或谓孔子于卫主①痈疽，于齐主侍人②瘠环，有诸乎？"

孟子曰："否，不然也。好事者为之也。于卫主颜雠由。弥子之妻与子路之妻，兄弟也。弥子谓子路曰：'孔子主我，卫卿可得也。'子路以告。孔子曰：'有命。'孔子进以礼，退以义，得之③不得曰'有命'。而主痈疽与侍人瘠环，是无义无命也。孔子不悦于鲁、卫，遭宋桓司马，将要④而杀之，微服⑤而过宋。是时孔子当阨⑥，主司城贞子，为陈侯周臣。吾闻观近臣，以其所为主；观远臣，以其所主。若孔子主痈疽与侍人瘠环，何以为孔子？"

［注释］

①主：以……为主人。　②侍人：宦官。　③之：用法同"与"。　④要：拦截。　⑤微服：变易平时的衣服以避人耳目。　⑥当阨：处在困难的境地。

［译文］

万章问道："有人说孔子在卫国的时候住在宦官痈疽家里，在齐国的时候则住在宦官瘠环家里，有这么回事吗？"

孟子说："不，不是这样的，这是好事之徒捏造的。孔子在卫国的时候住在颜雠由家里。弥子瑕的妻子与子路的妻子是姊妹，弥子瑕对子路说：'孔子住在我的家里，卫国卿相的职位就可以得到了。'子路把这话告诉了孔子。孔子说：'这由命运决定。'（孔子做事，）依礼而进，又依义而退，所以他说是否得到官位都是'由命运决定的'。假如他住在痈疽和瘠环家里，就是蔑视道义和命运了。孔子在鲁国和卫国很不顺心，又碰上宋国的司马桓魋阻截并想杀害他，所以只好乔装打扮悄悄取道宋国。这时候孔子正身处困境，便住到司城贞子家中，做了陈侯周的臣下。我听说，观察在朝的臣子，应看他所接待的宾客；观察外来的臣子，应看接待他的主人。如果孔子住在痈疽和瘠环家里，怎么能算孔子呢？”

［原文］

9·9 万章问曰：“或曰，‘百里奚自鬻于秦养牲者五羊之皮①，食②牛，以要秦穆公’。信乎？”

孟子曰：“否，不然。好事者为之也。百里奚，虞人也。晋人以垂棘之璧与屈产之乘，假道于虞以伐虢③。宫之奇谏，百里奚不谏。知虞公之不可谏而去之秦，年已七十矣，曾④不知以食牛干秦穆公之为汙⑤也，可谓智乎？不可谏而不谏，可谓不智乎？知虞公之将亡而先去之，不可谓不智也。时举于秦，知穆公之可与有行⑥也而相之，可谓不智乎？相秦而显⑦其君于天下，可传于后世，不贤而能之乎？自鬻以成其君，乡党自好者不为，而谓贤者为之乎？”

［注释］

① 百里奚自鬻于秦养牲者五羊之皮：传说百里奚为了能到秦国去游说秦穆公，把自己以五张羊皮的价格卖给了秦国人，后来见到秦穆公，被封为“五羖大夫”。鬻，卖。 ② 食：喂养。 ③ 假道于虞以伐虢：晋国为攻打虢国，向虞国借道。虞君不听宫之奇的进谏，接受了晋国的礼品，允许晋军经由虞国。结果晋军灭虢后，顺带灭了虞国。 ④ 曾：竟然。 ⑤ 汙：污点。 ⑥ 有行：有为。 ⑦ 显：使……显扬。

［译文］

万章问道：“有人说，‘百里奚把自己卖给秦国养牲口的人，换得五张羊皮，又替别人喂牛，以此干求秦穆公’。这事可靠吗？”

孟子说：“不，不是这样的，这是多事的人捏造的。百里奚是虞国人。晋国人用垂棘所产的美玉和屈地所产的骏马为代价，借道虞国去讨伐虢国。宫之奇出面劝阻虞公不要答应，但百里奚没有。他知道虞公是劝阻不了的，所以他便离开虞国到了秦国，这时已七十岁了。他竟不明白用喂牛的方法去干求秦穆公是不体面的行为，这能算是聪明吗？可是他知道虞公不可劝阻，便不去谏止，又能说不聪明吗？他还预见虞公将要亡国身死，所以早早地离开了，这还能说不聪明吗？他在秦国被举荐的时候，便知道秦穆公是位可以合作并有所作为的君主，所以愿意辅佐他，这仍能说不聪明吗？在秦国担任卿相并使秦穆公名扬天下，可以流传于后世，如果不是贤能之人，能办到吗？卖身以成就君主的事业，即使乡下一个洁身自好的人也不会干，难道一个贤能的人可以做得出来吗？”

卷十 万章章句下

凡九章

［原文］

10·1 孟子曰："伯夷，目不视恶色，耳不听恶声。非其君不事，非其民不使。治则进，乱则退。横[①]政之所出，横民之所止，不忍居也。思与乡人处，如以朝衣朝冠坐于涂炭也。当纣之时，居北海之滨，以待天下之清也。故闻伯夷之风者，顽夫[②]廉，懦夫有立志。

"伊尹曰：'何事非君？何使非民？'治亦进，乱亦进，曰：'天之生斯民也，使先知觉后知，使先觉觉后觉。予，天民之先觉者也。予将以此道觉此民也。'思天下之民，匹夫匹妇有不与被尧、舜之泽者，若己推而内之沟中，其自任以天下之重也。

"柳下惠不羞[③]汙君，不辞小官。进不隐贤，必以其道。遗佚而不怨，阨穷而不悯。与乡人处，由由然[④]不忍去也。'尔为尔，我为我，虽袒裼裸裎于我侧，尔焉能浼[⑤]我哉？'故闻柳下惠之风者，鄙夫[⑥]宽，薄夫敦。

"孔子之去齐，接淅[⑦]而行。去鲁，曰：'迟迟吾行也，去父母国之道也。'可以速而[⑧]速，可以久而久，可以处而处，可以仕而仕，孔子也。"

孟子曰："伯夷，圣之清者也；伊尹，圣之任者[⑨]也；柳下惠，圣之和者也；孔子，圣之时者也。孔子之谓集大成。集大成也者，金声而玉振⑩之也。金声也者，始条理也；玉振之也者，终条理也。始条理者，智之事也；终条理者，圣之事也。智，譬则巧也；圣，譬则力也。由⑪射于百步之外也，其至，尔力也；其中，非尔力也。”

［注释］

① 横：即横逆。　② 顽夫：贪婪的人。　③ 羞：以……为羞。　④ 由由然：高兴的样子。　⑤ 浼：弄脏。　⑥ 鄙夫：见识狭陋的人。　⑦ 接淅：不等淘干米，把米从水里捞出来。形容着急的样子。　⑧ 而：用法同“则”。　⑨ 任者：敢于承担责任的人。　⑩ 金声而玉振：这是古代仪礼中演奏音乐的程式。奏乐时，先敲钟，最后用击磬收尾。　⑪ 由：通“犹”。

［译文］

孟子说：“伯夷这个人眼睛不看不好的东西，耳朵不听不好的声音。不是他满意的君主不去侍奉，不是他理想的百姓不去使唤。天下安定就有所作为，天下混乱便退居草野。实行暴政和住有暴民的地方，他都不愿居住。他认为和乡下人相处就像身着礼服、礼帽坐在泥涂和炭灰上一样。商纣在位的时候，他住在北海之滨，以等待天下太平。所以听到伯夷高尚的风操，贪婪的人会变得廉洁，懦弱的人会确立坚强的意志。

“伊尹说：‘什么样的君主不能侍奉？什么样的百姓不能驱使？’天下安定有所作为，天下混乱也有所作为，并且说：‘上天降生这些老百姓，让先知先觉的人启发后知后觉的人。我是百姓中的先觉者，我要用尧舜之道去开导这些百姓。’他想在天下的百姓中只要有一个男人或一个妇女没有沐浴到尧舜之道的恩泽，这就如同自己把他们推向了水沟——他就是这样承担天下的重任。

“柳下惠不以侍奉秽恶之君为可耻，也不因官小而辞退。

在朝廷不隐藏自己的才干，但一定按照自己的意图行事。被遗弃时并不怨恨，陷入困境时也不忧愁。与乡下人相处，也满怀喜悦不愿离开。他说：‘你是你，我是我，即使你在我身旁赤身露体，怎么能玷污我呢？’所以听到柳下惠风操的人，心胸狭隘者会变得宽容，尖酸刻薄者会变得敦厚。

“孔子离开齐国，不等把淘的米漉干就匆忙地走了；离开鲁国时却说：‘我们慢慢地走吧，这是离开祖国应采取的态度。’能快走就快走，该慢行就慢行，能闲居就闲居，该做官就做官，这就是孔子。”

孟子说：“伯夷是圣人中清高自守的人，伊尹是圣人中富有责任感的人，柳下惠是圣人中随遇而安的人，孔子是圣人中见机行事的人。孔子可以算得上集大成者。所谓集大成，（如同奏乐，）先敲镈钟，是表示节奏条理的开始，撞击特磬作为结束，是表示节奏条理的完结。条理的开始凭借智慧，而条理的结束则依靠圣明。智慧如同技巧，而圣明就像力气。犹如在百步以外射箭，射到，是你的力气在起作用；射中，就不是你的力气在起作用了。”

［原文］

10·2 北宫锜问曰：“周室班①爵禄也，如之何？”

孟子曰：“其详不可得闻也，诸侯恶其害己也，而皆去其籍②；然而轲也尝闻其略也。天子一位，公一位，侯一位，伯一位，子、男同一位，凡五等也。君一位，卿一位，大夫一位，上士一位，中士一位，下士一位，凡六等。天子之制，地方千里，公侯皆方百里，伯七十里，子、男五十里，凡四等。不能③五十里，不达于天子，附于诸侯，曰附庸④。天子之卿受地视⑤侯，大夫受地视伯，元士受地视子、男。大国地方百里,君十[6]卿禄,卿禄四大夫,大夫倍上士,上士倍中士,中士倍下士,下士与庶人在官者同禄,禄足以代其耕也。次国地方七十里,君十卿禄,卿禄三大夫,大夫倍上士,上士倍中士,中士倍下士,下士与庶人在官者同禄,禄足以代其耕也。小国地方五十里,君十卿禄,卿禄二大夫,大夫倍上士,上士倍中士,中士倍下士,下士与庶人在官者同禄,禄足以代其耕也。耕者之所获,一夫百亩,百亩之粪[7],上农夫食[8]九人,上次食八人,中食七人,中次食六人,下食五人。庶人在官者,其禄以是为差。"

[注释] ① 班:规定等级。 ② 籍:载籍。 ③ 不能:不及。 ④ 附庸:即"附墉",附城。 ⑤ 视:比照。 ⑥ 十:和下面的几个数词都是表示倍数。 ⑦ 粪:耕田施肥。 ⑧ 食:养活。

[译文] 北宫锜问道:"周代制定的有关爵位和俸禄的等级制度是怎么回事呢?"

孟子说:"详细情况已经不能知道了。因为诸侯厌恶这种等级制度对自身不利,便毁弃了这些文献。不过我孟轲也曾听说过大概的情形。当时天子为一级,公为一级,侯为一级,伯为一级,子和男同为一级,共为五个等级。君为一级,卿为一级,大夫为一级,上士为一级,中士为一级,下士为一级,共为六个等级。天子管辖的土地方圆千里,公和侯都是百里,伯七十里,子、男都是五十里,共为四个等级。土地方圆不足五十里,不能直接与天子打交道,而是附属诸侯,叫附庸。天子的卿所受封地与侯相同,大夫的所受封地与伯相同,元士所受封地与子、男相同。大国方圆百里,君主的俸禄是卿的十倍,卿的俸禄是大夫的四倍,大夫是上士的一倍,上上是中士的一倍,中士是下士的一倍,下士与百姓中为公家干事的人一样,所获得的俸禄能够抵得上耕种所得。中等国家方圆七十里,君主的俸禄是卿的十倍,卿的俸禄是大夫的三倍,大夫是上士的一倍,上士是中士的一倍,中士是下士的一倍,下士也与百姓中当公差的相同,所得俸禄抵得上耕种的收入。小国方圆五十里,君主的俸禄是卿的十倍,卿的俸禄是大夫的两倍,大夫是上士的一倍,上士是中士的一倍,中士是下士的一倍,下士也和百姓中当公差的一样,所得俸禄抵得上耕种所得。耕种的收入,一夫一妇受田百亩。施肥并耕种这百亩土地,上等农夫能养活九口人,次一点的能养活八口人;中等农夫能养活七口人,次一点的能养活六口人;最差的能养活五口人。百姓中为公家当差的,他们的俸禄就是按这个标准划分等级的。"

[原文]

10·3 万章问曰:"敢问友。"

孟子曰:"不挟[1]长,不挟贵,不挟兄弟而友。友也者,友其德也,不可以有挟也。孟献子,百乘之家也,有友五人焉:乐正裘,牧仲,其三人则予忘之矣。献子之与此五人者友也,无献子之家者也。此五人者,亦有献子之家,则不与之友矣。非惟百乘之家为然也,虽小国之君亦有之。费惠公曰:'吾于子思则师之矣,吾于颜般则友之矣。王顺、长息,则事我者也。'非惟小国之君为然也,虽大国之君亦有之。晋平公之于亥唐也,入云则入,坐云则坐,食云则食[2]。虽蔬食菜羹,未尝不饱,盖不敢不饱也。然终于此而已矣。弗与共天位也,弗与治天职也,弗与食天禄也。士之尊贤者也,非王公之尊贤也。舜尚[3]见帝,帝馆甥[4]于贰室[5],亦飨舜,迭为宾主,是天子而友匹夫也。用下敬上，谓之贵贵[6]；用上敬下，谓之尊贤。贵贵尊贤，其义一也。”

［注释］

①挟：以……为要挟。　②入云则入，坐云则坐，食云则食：“云入则入，云坐则坐，云食则食”的倒装。　③尚：通“上”。“尚见”就是拜见。　④甥：妻子的父亲叫“外舅”，因此可称婿为“甥”。舜是尧的女婿，所以这里称他“甥”。　⑤贰室：另外的宫室。　⑥贵贵：第一个“贵”是形容词的意动用法，以……为贵。第二个“贵”是名词，高贵的人。

［译文］

万章问道：“请问交友之道是什么？”

孟子说：“不倚仗年纪大，不倚重官位高，不靠有钱有势的兄弟。所谓交友，是因为看重他的品德而和他相交，所以不能有所依靠。孟献子是位有百辆车马的大夫，他有五个朋友：乐正裘、牧仲，其他三个我忘了他们的姓名。献子与这五个人相交，不存在自己是一个大夫的念头；如果这五个人心中有献子是个大夫的观念，那自然也不会与他结为朋友。不仅有百辆车马的大夫是这样，即使一个小国的国君也是如此。费惠公说：‘我把子思当做老师，把颜般看做朋友，至于王顺和长息则是侍奉我的人。’不仅小国的君主这样，即使大国的君主也是如此。晋平公对亥唐这个人（非常尊重），亥唐喊他进去就进去，让他就座便就座，叫他吃饭就吃饭，即使是粗饭菜汤，未曾没有吃饱，因为他不敢不吃饱。但也就不过这样罢了。他没有与亥唐共居官位，没有一起办理政事，也没有一起享用俸禄，所以这是士人尊敬贤者的态度，而不是王公尊敬贤者的态度。舜去晋见尧，尧把这位女婿安排在另一所官邸居住，并宴请他，（舜有时也宴请尧，）二人互为宾主，这是天子和老百姓交友的楷模。让地位低的人去尊敬地位高的人，叫尊重贵人；让地位高的人去尊敬地位低的人，叫尊重贤人。二者的道理是一样的。”

［原文］

10·4 万章曰：“敢问交际何心也？”

孟子曰：“恭也。”

曰：“却之却之[①]为不恭’，何哉？”

曰：“尊者赐之。曰：其所取之者义乎，不义乎？而后受之，以是为不恭，故弗却也。”

曰：“请无以辞却之，以心却之，曰：其取诸民之不义也。而以他辞无受，不可乎？”

曰：“其交也以道，其接也以礼，斯孔子受之矣。”

万章曰：“今有御[②]人于国门之外者，其交也以道，其馈也以礼，斯可受御与？”

曰：“不可。《康诰》曰：‘杀越人于货[③]，闵[④]不畏死，凡民罔不憝[⑤]。’是不待教而诛者也。殷受夏，周受殷，所不辞也。于今为烈，如之何其受之？”

曰：“今之诸侯取之于民也，犹御也。苟善其礼际矣，斯君子受之，敢问何说也？”

曰：“子以为有王者作，将比[⑥]今之诸侯而诛之乎？其教之不改而后诛之乎？夫谓非其有而取之者盗也，充类至义之尽也。孔子之仕于鲁也，鲁人猎较[⑦]，孔子亦猎较。猎较犹可，而况受其赐乎？”

曰：“然则孔子之仕也，非事道与？”

曰：“事道也。”

“事道奚猎较也？”

曰：“孔子先簿[⑧]正祭器，不以四方之食供簿正。”

曰：“奚不去也？”

曰：“为之兆⑨也。兆足以行矣，而不行，而后去，是以未尝有所终三年淹⑩也。孔子有见行可之仕，有际可之仕，有公养之仕。于季桓子，见行可之仕也。于卫灵公，际可之仕也。于卫孝公，公养之仕也。”

[注释]　① 却之却之：反复推让。　② 御：拦截。　③ 杀越人于货："越"是语助词，没有意义。于货，劫取货物。　④ 闵：通"暋"，强悍。　⑤ 憝：怨恨。　⑥ 比：同。　⑦ 猎较：争夺猎物。　⑧ 簿：登记造册。　⑨ 兆：开始。　⑩ 淹：停留。

[译文]　万章问道：“请问与他人交往应抱有什么用心？”

孟子说：“应抱着恭敬之心。”

万章说：“常言说：‘一再拒绝他人的礼物是不恭敬的！’为什么这么说呢？”

孟子说：“地位高的人有所馈赠，接受的人心里想：‘他获得这些东西合乎道义呢，还是不合乎道义呢？’左思右想以后再接受这些礼物，就不恭敬了。因此不能拒绝。”

万章说：“如果不用言辞拒绝，而是从心里拒绝，心想：‘这是从老百姓那里获得的不义之财！’因而用其他借口拒绝，这不行吗？”

孟子说：“他堂堂正正地与我交往，彬彬有礼地同我接触，这样，就是孔子也会接受礼物的。”

万章说：“假如现在有一个在都城郊野抢劫的人，他也堂堂正正地同我交往，彬彬有礼地同我接触，难道也可以接受他的不义之财吗？”

孟子说："不能。《康诰》说：'杀人抢劫，又强横不怕死，对这种人，老百姓没有不痛恨的。'所以，这种人不用事先进行教化便可以杀掉。殷商接受了夏代这种法律，周代又接受了殷商的这种法律，一直没有变更。现在这种不义之行更加激烈，在这种情况下，怎么才能接受别人礼物呢？"

万章说："现在的诸侯从老百姓那里获得财物就和拦路抢劫差不多，如果他们完善交际礼仪，这样君子便会接受，请问这又该怎样解释？"

孟子说："你认为假如有圣王出现，会概莫能外地把今天的诸侯全部杀掉呢，还是先施以教化，等死不改悔之后再杀掉呢？人们说不是自己应有的东西而伸手去要，和抢劫没有差别，这只是把它夸张上升到原则性高度的话。孔子在鲁国当官的时候，鲁国人竞争猎物，孔子也参加竞争。竞争猎物都可以，何况接受赠送的礼物呢？"

万章说："那么孔子做官不是为他的主张服务了？"

孟子说："是为他的主张服务。"

万章说："既为他的主张服务那又为什么去竞争猎物呢？"

孟子说："孔子先用文书规定所用祭器，并且还规定，不得用别处的食物充作文书中所列的祭品。（因为竞争猎物原本是为了祭祀，既有如上的规定，所得猎物便派不上用场，此风也就自然衰息。）"

万章说："孔子为什么不离开呢？"

孟子说："孔子是想先试探一番，试探的结果是他的主张行得通，但君主却不肯实行，然后他才离去，所以孔子从没有在一个朝廷呆过三年。他有时候因为能实行他的主张而做官，有时候因为国君对他礼遇有加而做官，有时候因为国君能优待贤者而做官。对于季桓子，就是因为发现他有施行其主张的可能才做官，对于卫灵公就是因为他能礼遇有加才做官，对于卫孝公则是因为他能优待贤者才做官。”

[原文]

10·5 孟子曰：“仕非为贫也，而有时乎为贫。娶妻非为养也，而有时乎为养。为贫者，辞尊居卑，辞富居贫。辞尊居卑，辞富居贫，恶①乎宜乎？抱关击柝②。孔子尝为委吏③矣，曰：‘会计④当而已矣。’尝为乘田⑤矣，曰：‘牛羊茁壮长而已矣。’位卑而言高，罪也。立乎人之本朝而道不行，耻也。”

[注释]

① 恶：何。 ② 抱关击柝：守关打更。柝，打更用的木头。 ③ 委吏：管理仓库的小吏。 ④ 会计：计算数字。 ⑤ 乘田：管理牲畜的小吏。

[译文]

孟子说：“做官不是因为贫困，但有时候是因为贫困；娶妻不是因为奉养双亲，但有时候是因为奉养双亲。因为贫困而做官的，就应该拒绝高官，甘居卑职；拒绝厚禄，甘受薄俸。如果这样，做什么才合适呢？那只有做看门打更的小吏了。孔子曾经做过仓库管理员，他说：‘账目上出入的数字都对了。’也曾做过牲畜的管理员，他说：‘牛羊都养得膘肥体壮了。’居于卑职却高谈阔论，这是罪过；在人家的朝廷做官，自己的主张却不能实行，这也是耻辱。”

[原文]

10·6 万章曰：“士之不托诸侯，何也？”

孟子曰：“不敢也。诸侯失国而后托于诸侯，礼也。士之托于诸侯，非礼也。”

万章曰：“君馈之粟，则受之乎？”

曰：“受之。”

“受之何义也？”

曰:“君之于氓也,固周[①]之。”

曰:“周之则受,赐之则不受,何也?”

曰:“不敢也。”

曰:“敢问其不敢何也?”

曰:“抱关击柝者皆有常职以食于上。无常职而赐于上者,以为不恭也。”

曰:“君馈之则受之,不识可常继乎?”

曰:“缪公之于子思也,亟[②]问[③],亟馈鼎肉。子思不悦。于卒[④]也,摽[⑤]使者出诸大门之外,北面稽首再拜[⑥]而不受,曰:‘今而后知君之犬马畜伋[⑦]。’盖自是台[⑧]无馈也。悦贤不能举,又不能养也,可谓悦贤乎?”

曰:“敢问国君欲养君子,如何斯可谓养矣?”

曰:“以君命将[⑨]之,再拜稽首而受。其后廪人继粟,庖人继肉,不以君命将之。子思以为鼎肉使己仆仆尔[⑩]亟拜也,非养君子之道也。尧之于舜也,使其子九男事之,二女女[⑪]焉,百官牛羊仓廪备,以养舜于畎亩之中,后举而加诸上位,故曰王公之尊贤者也。”

[注释] ① 周:接济。 ② 亟:屡次。 ③ 问:古人在问候别人时,一般同时馈赠礼物。这里的“问”和下面的“馈鼎肉”其实说的是一件事。 ④ 卒:最后。 ⑤ 摽:挥打。 ⑥ 再拜:拜两拜。 ⑦ 犬马畜伋:把我(伋是子思的名)当做犬马一样来蓄养。犬马,名词作状语,表示方式。 ⑧ 台:始。 ⑨ 将:送。 ⑩ 仆仆尔:繁琐的样子。 ⑪ 女:嫁。

[译文] 万章说:“士人不依靠诸侯生活,这是为什么?”

孟子说:“不敢这么做。诸侯丧失了自己的国家,然后寄居在别的国家,这是符合礼仪的,而士人依靠诸侯生活,就不合礼仪了。”

万章说:“君主送给他粮食,能接受吗?”

孟子说:“可以接受。”

万章说:“有什么理由可以接受呢?”

孟子说:“君主对于流落到他国内的外国人,本来就有接济的义务。”

万章说:“接济他就接受,赠送他便不接受,这又是为什么?”

孟子说:“也是因为不敢接受。”

万章说:“请问为什么不敢接受?”

孟子说:“守门打更的人都有一定的职务,所以才接受上面的给养。没有一定的职务却接受上面的给养,这被视为不恭敬的行为。”

万章说:“君主赠送他东西,他接受了,不知道是否能经常这样?”

孟子说:“过去鲁缪公对于子思,经常问候,还屡次赠送肉食。子思很不高兴。最后一次,他把使者赶出大门之外,朝着北面叩头作揖,但拒绝接受缪公所赠的物品,并说:‘现在我才知道君主是把我孔伋当做犬马一样豢养的。’大概从此缪公便不再送东西给子思了。喜爱贤人,但既不能提拔,又不能奉养,这谈得上爱贤吗?”

万章说:“请问国君要奉养君子,应该怎么做?”

孟子说:“要以国君的名义送给他,君子一再叩头作揖接受下来。然后管理粮食的人要经常送去谷物,掌管膳食的人经常送去肉食,这些都不要用君主的名义(,接受者也就不用叩头作揖了)。子思认为为了一块肉食而让自己频繁地叩头作揖，这不是奉养君子的方式。尧对于大舜，是让自己的九个儿子拜他为师，把两个女儿嫁给他，各种官吏的安排，羊牛、仓库的配备，都非常周到，以便大舜在田野中受到照顾，然后再举荐他登上高位，所以说，这是王公尊重贤者的典范。”

［原文］

10·7 万章曰：“敢问不见诸侯，何义也？”

孟子曰：“在国曰市井之臣，在野曰草莽之臣，皆谓庶人。庶人不传质为臣，不敢见于诸侯，礼也。”

万章曰：“庶人，召之役则往役，君欲见之，召之则不往见之，何也？”

曰：“往役，义也。往见，不义也。且君之欲见之也，何为也哉？”

曰：“为其多闻也，为其贤也。”

曰：“为其多闻也，则天子不召师，而况诸侯乎？为其贤也，则吾未闻欲见贤而召之也。缪公亟见于子思，曰：‘古千乘之国以友士，何如？’子思不悦，曰：‘古之人有言曰：事之云乎？岂曰友之云乎？’子思之不悦也，岂不曰：‘以位，则子，君也；我，臣也；何敢与君友也？以德，则子事我者也，奚可以与我友？’千乘之君求与之友而不可得也，而况可召与？齐景公田①，招虞人以旌，不至，将杀之。志士不忘在沟壑，勇士不忘丧其元。孔子奚取焉？取非其招不往也。”

曰：“敢问招虞人何以？”

曰：“以皮冠。庶人以旃，士以旂，大夫以旌。

以大夫之招招虞人，虞人死不敢往。以士之招招庶人，庶人岂敢往哉？况乎以不贤人之招招贤人乎？欲见贤人而不以其道，犹欲其入而闭之门也。夫义，路也；礼，门也。惟君子能由是路，出入是门也。《诗》云：'周道如底②，其直如矢。君子所履，小人所视。'"

万章曰："孔子，君命召不俟驾而行，然则孔子非与？"

曰："孔子当仕，有官职，而以其官召之也。"

[注释]

① 齐景公田：这个故事在本书的《滕文公章句下》篇出现过。这里讲的情节更详细些。　② 底：通"砥"，磨刀石。

[译文]

万章问道："请问士人不去晋见诸侯是什么道理？"

孟子说："（没有担任官职的士人，）住在城市中叫市井之臣，住在田野里就叫草莽之臣，都是老百姓。百姓没有送见面礼而成为臣属，不敢去晋见诸侯，这是合乎礼制的。"

万章说："作为老百姓，君主召他去服役，就去服役；君主想会见他，召唤他，却不去晋见，这是为什么？"

孟子说："去服役是对的，去晋见就不应该了。君主要会见他，为的是什么呢？"

万章说："因为他见多识广，品德高尚。"

孟子说："如果因为他见多识广，（那就是要以他为师，）可天子都不能召见老师，何况诸侯呢？如果因为他品德高尚，那我也从来没有听说过既想会见贤者却又随意召唤的事情。鲁缪公多次访问子思，并说：'古代拥有千辆兵车的君主如与士人相交，是怎样的呢？'子思听了很不高兴，说：'古人是说要以士人为师，难道是说同他交友吗？'子思的不高兴，岂不是在说：‘论地位你是君主，我是臣下，我怎么敢与君主交朋友呢？谈道德那你是该以我为师的人，怎么能与我交朋友？’拥有千辆兵车的君主想同他交朋友都做不到，更何况随便召唤呢？齐景公打猎，用饰有羽毛的旗帜去召猎场管理员，管理员不来，便想杀了他。有志之士不怕（为正义而牺牲，）抛尸山沟；勇敢的人（临危不惧，）不怕杀头。孔子取这位管理员的哪一点呢？就是取他不是自己该接受的召唤之礼坚决不去（的恪守礼义的精神）。”

万章说：“请问该用什么去召唤猎场管理员呢？”

孟子说：“应该用皮帽子。召唤一般老百姓用整幅红绸制成的曲柄旗，召唤士人用饰有铃铛的旗，召唤大夫用饰有羽毛的旗。齐景公用召唤大夫的旗帜去召唤猎场管理员，管理员当然死也不敢去；用召唤士人的旗帜去召唤老百姓，难道老百姓敢去吗？何况用召唤不贤之人的礼节去召唤贤者呢？想会见贤者却不遵循一定礼节，这就像想请人家进屋却又关上了大门。‘义’如同大路，‘礼’好比大门。只有君子能沿着这条大路前进，从这个大门出入。《诗经》中说：‘大路像磨刀石一般平，像箭一样直，这是君子所走的，小人所要效法的。’”

万章说：“孔子这个人，听说君主有令召唤，不等车辆套好就走了，那么，孔子做得不对吗？”

孟子说：“孔子那时有官职在身，君主是根据他的官职去召唤他的。”

［原文］

10·8 孟子谓万章曰：“一乡之善士斯友一乡之善士，一国之善士斯友一国之善士，天下之善士斯友天下之善士。以友天下之善士为未足，又尚[①]论古之人。颂[②]其诗，读其书，不知其人，可乎？是以论其世也。是尚友也。”

［注释］　① 尚：通“上”，向上。　② 颂：通“诵”。

［译文］　孟子对万章说：“一方的优秀人物便和那一方的优秀人物交朋友，一国的优秀人物便和那一国的优秀人物交朋友，天下的优秀人物便和天下的优秀人物交朋友。如果觉得和天下的优秀人物交往还不满足，便又追忆、评论古代的人物。但吟诵他们的诗歌，研读他们的著作，而不了解他们的为人，行吗？因此，必须研究他们所处的时代。这才是真正与古人交朋友。”

［原文］　10·9　齐宣王问卿。孟子曰：“王何卿之问也？”

王曰：“卿不同乎？”

曰：“不同。有贵戚之卿，有异姓之卿。”

王曰：“请问贵戚之卿。”

曰：“君有大过则谏，反覆之而不听，则易位①。”

王勃然变乎色。

曰：“王勿异也。王问臣，臣不敢不以正②对。”

王色定，然后请问异姓之卿。

曰：“君有过则谏，反覆之而不听，则去。”

［注释］　① 易位：王位易人。　② 正：通“诚”。

［译文］　齐宣王向孟子询问关于公卿的事情。孟子说：“大王问的是哪一类公卿呢？”

齐宣王说：“公卿还有什么不同么？”

孟子说：“不一样。有与王室同宗的公卿，有与工室不同

姓的公卿。”，

齐宣王说：“请问与王室同宗的公卿怎样？”

孟子说：“如果君主犯了重大错误，就要劝阻；反复劝阻而不听从，就废弃他，另立别人。”

齐宣王听后脸色大变。

孟子说：“大王不要感到奇怪。您既然问我，我就不敢不用实话回答。”

齐宣王的脸色平和下来，又问与王室不同姓的公卿如何。

孟子说：“君主有错便加以劝阻；如果反复劝阻不听，就离开他。”

卷十一　告子章句上

凡二十章

［原文］

11·1　告子曰："性犹杞柳也，义犹桮棬[1]也。以人性为仁义，犹以杞柳为桮棬。"

孟子曰："子能顺杞柳之性而以为桮棬乎？将戕贼[2]杞柳而后以为桮棬也？如将戕贼杞柳而以为桮棬，则亦将戕贼人以为仁义与？率天下之人而祸仁义者，必子之言夫！"

［注释］

① 桮棬：杯盘。　② 戕贼：毁坏。

［译文］

告子说："人性就像桓柳，义理好比杯盘。把人性纳入仁义之中，如同用柜柳制成杯盘。"

孟子说："你是按照柜柳的本性做成杯盘呢，还是损害它的本性再做成杯盘呢？如果要先损害柜柳的本性再制成杯盘，那么也要损害人性把它纳于仁义之中吗？率领天下的人去毁坏仁义的，一定是您这种论调！"

［原文］

11·2　告子曰："性犹湍[1]水也，决诸东方则东流，决诸西方则西流。人性之无分于善不善也，犹水之无分于东西也。"

孟子曰："水信[2]无分于东西，无分于上下乎？人性之善也，犹水之就下也。人无有不善，水无有不下。今夫水，搏[3]而跃[4]之，可使过颡；激而行之，可使在山。是岂水之性哉？其势则然也。人之可使为不善，其性亦犹是也。”

[注释] ① 湍：激流。 ② 信：果真。 ③ 搏：拍击。 ④ 跃：使……跃起。

[译文] 告子说：“人性就像湍急的流水，从东边打开缺口就朝东边流，从西边打开缺口就向西边流。人性无所谓善与不善，就如同水流本没有固定的东西流向。”

孟子说：“水固然不分东西流向，可难道不分上下吗？人性的向善，就像水往下流。人没有不善良的，水没有不往下流的。只要你拍打水流，它就会奔腾起来，可以跃过你的额头；如果阻遏它使之倒流，也可以引上山顶。这难道是水的本性吗？是情势逼迫它这样。有些人可以使他为非作歹，其本性变化的原因正和水的变化相似。”

[原文] **11·3** 告子曰：“生之谓性①。”

孟子曰：“生之谓性也，犹白之谓白与？”

曰：“然。”

“白羽之白也，犹白雪之白；白雪之白，犹白玉之白与？”

曰：“然。”

“然则犬之性犹牛之性，牛之性犹人之性与？”

[注释] ① 生之谓性：关于人性问题的讨论，是先秦哲学的重要命题。荀子说，与生俱来的叫“性”，后天人为的叫“伪”，可以和告子的说法参照。

[译文] 告子说：“天生的禀赋就叫做性。”

孟子说：“天生的禀赋叫性，就如同把一切白色都称作白吗？”

告子说：“是的。”

孟子又说：“白羽毛的白和白雪的白一样，白雪的白又同白玉的白一样吗？”

告子说：“是的。”

孟子说：“那么犬的本性就像牛的本性，而牛的本性就像人的本性吗？”

［原文］

11·4　告子曰：“食、色，性也。仁，内也，非外也；义，外也，非内也。”

孟子曰：“何以谓仁内义外也？”

曰：“彼长而我长之，非有长于我也；犹彼白而我白[①]之，从其白于外也，故谓之外也。”

曰：“异于白马之白也，无以异于白人之白也。不识长马之长也，无以异于长人之长与？且谓长者义乎？长之者义乎？”

曰：“吾弟则爱之，秦人之弟则不爱也，是以我为悦者也，故谓之内。长楚人之长，亦长吾之长，是以长为悦者也，故谓之外也。”

曰：“耆[②]秦人之炙，无以异于耆吾炙，夫物则亦有然者也，然则耆炙亦有外欤？”

［注释］

① 白：以……为白。　② 耆：通“嗜”。

［译文］

告子说：“饮食男女是人的本性。‘仁’是内在的素质，而不是外在的东西；‘义’是外在的行为，而不是内在的东西。”

孟子说：“为什么说仁是内在的而义是外在的？”

告子说：“他年长我就以对待长者的态度尊敬他，这种对待长者的态度不是我固有的；就像那件东西是白的，我便把它看做白色之物，这种认识是由那件白色的东西所决定的，因此说是外在的。"

孟子说："白马的白或许和白人的白不同，但不知道对老马的怜悯之心与对老人的恭敬之心有什么不同？而且所谓义，是依附于老人呢，还是属于尊重老人的人？"

告子说："是我的弟弟我就爱他，是秦人的弟弟我就不爱，可见爱与不爱取决于我的态度，所以说这是内在的。尊敬楚国的老人，也尊敬我自己的老人，这种恭敬之心都是由老人决定的，所以说是外在的。"

孟子说："爱吃秦人的烧肉和爱吃自己的烧肉没有什么不同，各种事物都有类似的情况，那么，对烧肉的喜爱之心也是外在的吗？（这和你所说的饮食是人的本性的观点不是相互矛盾吗？）"

［原文］

11·5 孟季子问公都子曰："何以谓义内也？"

曰："行吾敬，故谓之内也。"

"乡人长于伯兄一岁，则谁敬？"

曰："敬兄。"

"酌则谁先？"

曰："先酌乡人。"

"所敬在此，所长在彼，果在外非由内也。"

公都子不能答，以告孟子。

孟子曰："敬叔父乎？敬弟乎？彼将曰：'敬叔父。'曰：'弟为尸[①]，则谁敬？'彼将曰：'敬弟。'子曰：'恶在其敬叔父也？'彼将曰：'在位故也。'子亦曰：'在位故也。庸[②]敬在兄，斯须[③]之敬在乡人。'"

季子闻之,曰:"敬叔父则敬,敬弟则敬,果在外非由内也。"

公都子曰:"冬日则饮汤④,夏日则饮水,然则饮食亦在外也?"

[注释]

① 尸:古代祭祀不用牌位或神主,而用男女童代为受祭,叫"尸"。② 庸:平常。 ③ 斯须:须臾,片刻。 ④ 汤:热水。

[译文]

孟季子问公都子:"为什么说义是内在的东西?"

公都子说:"恭敬之情从我内心表达出来,所以说是内在的。"

孟季子又说:"如果有个本乡人比你大哥长一岁,那你尊敬谁呢?"

公都子说:"当然尊敬大哥。"

孟季子又问:"如果同席饮酒,应先敬谁?"

公都子说:"先给乡人敬酒。"

孟季子说:"你内心尊敬大哥,但又向乡人表示敬意,由此可见义是外在的,而不是由内心表现出来的。"

公都子无言对答,便把这事告诉孟子。

孟子说:"(你可以这样反诘:)'是尊敬叔父呢,还是尊敬弟弟?'他会说:'当然是尊敬叔父。'你接着说:'如果弟弟在祭祀时做了受祭的代理人,那你尊敬谁呢?'他一定会答道:'尊敬弟弟。'你便说:'那怎么说尊敬叔父呢?'他又会说:'这是由于弟弟当时处在被尊敬的地位。'你就说:'先给本乡的长者敬酒,那也是由他当时处的位置决定的。平常尊敬兄长,特殊情况下尊敬同乡的长者。'"

季子听到后说:"尊敬叔父是尊敬,尊敬弟弟也是尊敬。

可见义毕竟是外在的,而不是内在的。”

公都子说:“冬季喝热水,夏天喝凉水,难道饮食(不是由内心的欲求而是)由外在条件决定的吗?”

[原文]

11·6 公都子曰:“告子曰:‘性无善无不善也。’或曰:‘性可以为善,可以为不善。是故文、武兴则民好善,幽、厉兴则民好暴。’或曰:‘有性善,有性不善。是故以尧为君而有象,以瞽瞍为父而有舜,以纣为兄之子且以为君而有微子启、王子比干。’今曰‘性善’,然则彼皆非与?”

孟子曰:“乃若①其情②,则可以为善矣,乃所谓善也。若夫为不善,非才③之罪也。恻隐之心,人皆有之;羞恶之心,人皆有之;恭敬之心,人皆有之;是非之心,人皆有之。恻隐之心,仁也;羞恶之心,义也;恭敬之心,礼也;是非之心,智也。仁义礼智,非由外铄④我也,我固有之也,弗思耳矣。故曰:‘求则得之,舍则失之。’或相倍蓰而无算者,不能尽其才者也。《诗》曰:‘天生蒸民⑤,有物有则。民之秉彝⑥,好是懿德⑦。’孔子曰:‘为此诗者,其知道乎!故有物必有则,民之秉彝也,故好是懿德。’”

[注释]

① 乃若:这两个字,学者认为是“衍文”,是传抄过程中误增的字。 ② 情:质性。 ③ 才:本义是草木初生,引申为人初生所具有的秉性。 ④ 铄:传授。 ⑤ 蒸民:众人。 ⑥ 彝:常。 ⑦ 懿德:美德。

[译文]

公都子说:“告子说:‘人性无所谓善与不善。’也有人说:‘人性可以使它变得善良,也可以使它变得邪恶。所以周文王、周武王当政，老百姓便趋向善，周幽王和周厉王在位，老百姓便趋向暴戾。’还有人说：‘有的人本性善良，有的人本性邪恶。所以尧这样的圣人做君主的时候却有象这样的恶人，瞽瞍这样残忍的父亲却生出大舜这样仁慈的儿子。以纣这样凶暴的侄儿，并且做了君主，却有微子启、王子比干这样仁爱的叔父。’现在老师认为人性善良，难道他们都说错了吗？”

孟子说：“从天生的禀赋看，可以使它趋向善良，这就是我所说的人性善。至于有些人居心险恶，这并不是禀赋不好。怜悯之心人人都有，羞耻之心人人都有，恭敬之心人人都有，是非之心人人都有。怜悯之心属于仁，羞耻之心属于义，恭敬之心属于礼，是非之心属于智。仁义礼智不是外人强加给我的，而是我本来就有的，不过没有意识到罢了。所以说：‘寻求便可得到，放弃就会失去。’人们之间相差一倍、五倍甚至无数倍，就是因为有的人不能充分发挥他们的天性。《诗经》中说：‘上天降生百姓，有事物便有规则。百姓把握了这种规则，便喜爱优良的品德。’孔子说：‘做这首诗的人，是懂得道义的啊！所以人世间有事物就有法则，老百姓掌握了这种法则，便喜爱优良的品德。’”

[原文]

11·7　孟子曰：“富岁，子弟多赖[①]；凶岁，子弟多暴。非天之降才尔殊也，其所以陷溺[②]其心者然也。今夫麰麦[③]，播种而耰[④]之，其地同，树[⑤]之时又同，浡然而生，至于日至之时，皆孰[⑥]矣。虽有不同，则地有肥硗[⑦]，雨露之养、人事之不齐也。故凡同类者，举相似也，何独至于人而疑之？圣人与我同类者。故龙子曰：‘不知足而为屦，我知其不为蒉[⑧]也。’屦之相似，天下之足同也。口之于味有同耆也，易牙[9]先得我口之所耆者也。如使口之于味也，其性与人殊，若犬马之与我不同类也，则天下何耆皆从易牙之于味也？至于味，天下期于易牙，是天下之口相似也。惟耳亦然。至于声，天下期于师旷[10]，是天下之耳相似也。惟目亦然。至于子都[11]，天下莫不知其姣[12]也。不知子都之姣者，无目者也。故曰：口之于味也，有同耆焉；耳之于声也，有同听焉；目之于色也，有同美焉。至于心，独无所同然乎？心之所同然者何也？谓理也，义也。圣人先得我心之所同然耳。故理义之悦我心，犹刍豢[13]之悦我口。"

［注释］ ① 赖：通"懒"。 ② 陷溺：使……沉溺。 ③ 麰麦：大麦。 ④ 耰："耰"就是耙，这里用作动词，用耙来覆盖种子。 ⑤ 树：种植。 ⑥ 孰：通"熟"。 ⑦ 硗：贫瘠。 ⑧ 蒉：筐子。 ⑨ 易牙：春秋时以擅长烹饪著名的人。 ⑩ 师旷：春秋时的著名乐师，目盲而耳聪。 ⑪ 子都：《诗经》里歌咏过的美男子。 ⑫ 姣：美。 ⑬ 刍豢：食草的叫"刍"，比如牛羊。吃谷物的叫"豢"，比如猪。

［译文］ 孟子说："丰收的年岁年轻人大多懒惰，灾荒的年岁年轻人多半凶暴，这并不是天生的禀赋有所不同，而是客观环境使他们的心境有所改变。就像种大麦，洒下种子，耙平泥土，如果田地（肥沃）差不多，播种的时间相同，那么，便会茁壮生长，到了夏至的时候，便都成熟了。纵然有所差别，那也是土地的肥瘠、雨水的多少、管理的好坏等因素造成的。所以凡是同类事物，都大体相似，为什么唯独对于人有所怀疑呢？圣人也是我们的同类。所以龙子说：'编草鞋即使不知道脚的大小，我也知道不会编成个筐子。'草鞋的样子相似，是因为人们的脚

基本相同。人们的口对于味道有相同的嗜好,易牙早就看准了这一点。假使人们对于口味的嗜好互不相同,就像犬马和人类不同一样,那么,天下的人凭什么都追随易牙的口味呢?一谈到口味,人们都希望能尝到易牙的烹调手艺,这是因为所有人的味觉相同。耳朵也是这样。一谈到音乐,人们都希望能听到师旷的演奏,这是因为所有人的听觉都差不多。眼睛同样如此。一谈到子都,天下的人没有不知道他漂亮的,如感觉不到他漂亮,那就是有眼无珠。所以说,嘴巴对于味道有相同的嗜好,耳朵对于音乐有相同的欣赏能力,眼睛对于容貌也有相同的审美标准。谈到人心,就唯独没有相同之处吗?这种相同之处是什么呢?就是理和义。圣人早就明白我们内心相同的义理。所以,我喜欢义理,就像牛羊肉适合我的口味一样。"

[原文]

11·8　孟子曰:"牛山之木尝美矣,以其郊①于大国②也,斧斤伐之,可以为美乎?是其日夜之所息,雨露之所润,非无萌糵之生焉,牛羊又从而牧之③,是以若彼濯濯④也。人见其濯濯也,以为未尝有材焉,此岂山之性也哉?虽存乎人者,岂无仁义之心哉?其所以放其良心者,亦犹斧斤之于木也,旦旦而伐之,可以为美乎?其日夜之所息,平旦之气,其好恶与人相近也者几希,则其旦昼之所为,有⑤梏⑥亡之矣。梏之反覆,则其夜气不足以存。夜气不足以存,则其违⑦禽兽不远矣。人见其禽兽⑧也,而以为未尝有才焉者,是岂人之情也哉?故苟得其养,无物不长;苟失其养,无物不消。孔子曰:'操则存,舍则亡;出入无时,莫知其乡⑨。'惟心之谓与?"

[注释] ① 郊：处在郊区。 ② 大国：大的都城，指临淄。临淄是齐国的首都，也是当时的大都市。 ③ 牛羊又从而牧之：这是倒装句，即“又从而牧牛羊”。 ④ 濯濯：光秃秃的样子。 ⑤ 有：通“又”。⑥ 梏：圈禁。 ⑦ 违：离。 ⑧ 禽兽：像禽兽一样。 ⑨ 乡：通“向”。

[译文] 孟子说：“牛山上的树木曾经长得非常茂盛，但因为处在大都市的郊野，人们经常用斧子砍伐，它还能茂盛吗？当然，它日日夜夜都在生长，并有雨露的滋润，所以不会不萌发新枝嫩芽，但紧接着又在山上放牧牛羊，因此便光秃秃的了。人们看到这个样子，以为它从来就没有生长过树木，这岂是牛山本来的面貌？在一些人身上难道不存在着仁义之心吗？他之所以失去良知，也正如斧子对牛山树木（的摧毁一样），每天都去砍伐，还会茂盛吗？他那白天黑夜萌发的善心，早晨所呼吸到的清明之气，这些在他心中所引发的好恶之情，跟一般人相比，也稍有近似。可第二天白天的所作所为又压制并消灭了它。反复地压制与消灭，那么他在夜里所酝酿的善念就不会保留，这样，那他就离禽兽不远了。人们把他看做禽兽，便认为他从来没有善良的禀赋，这难道是人的本来面貌吗？所以，如果能受到很好的培养，所有的东西都会生长；如果得不到很好的培养，所有的东西都会消亡。孔子说：‘把握它就会存在，抛弃它就会失去；出入没有定时，不知它的归宿在哪里。’这是指人心而言的吧？”

[原文] **11·9** 孟子曰：“无或[①]乎王之不智也。虽有天下易生之物也，一日暴[②]之，十日寒之，未有能生者也。吾见亦罕矣，吾退而寒之者至矣，吾如有萌焉何哉？今夫弈之为数[③]，小数也，不专心致志，则不

得也。弈秋，通国之善弈者也。使弈秋诲二人弈，其一人专心致志，惟弈秋之为听④。一人虽听之，一心以为有鸿鹄将至，思援弓缴⑤而射之，虽与之俱学，弗若之矣。为是其智弗若与？曰：非然也。”

［注释］　① 或：通“惑”。　② 暴：通“曝”。　③ 数：技。　④ 惟弈秋之为听：这是一个倒装句，就是“惟听弈秋”。　⑤ 缴：本义是生丝。它常系在箭上，因此引申为系着生丝的箭。

［译文］　孟子说：“大王糊涂，不足奇怪。即使世间有那么一种最容易生长的植物，如果晒它一天，又放在阴凉的地方冷上十天，也没有能活下来的。我与大王相见的机会太少，我退居家中，对他太冷淡了，即使他能萌发良知，我又能怎么样呢？下棋本来是一种微不足道的技艺，但若不能专心致志，便下不好。弈秋是这方面的国手，假如让他教两个人下棋，其中的一个能一心一意地学，完全听从弈秋的指导。而另一个虽然表面上也听从，但心里却惦记着天鹅就要飞来了，想拿起弓箭射它。这样，尽管他和那人一道学习，但成绩却赶不上人家。你觉得是他的智慧不如人吗？当然不是这么回事。”

［原文］　**11·10**　孟子曰：“鱼，我所欲也，熊掌亦我所欲也；二者不可得兼，舍鱼而取熊掌者也。生亦我所欲也，义亦我所欲也；二者不可得兼，舍生而取义者也。生亦我所欲，所欲有甚于生者，故不为苟得也；死亦我所恶，所恶有甚于死者，故患有所不辟①也。如使人之所欲莫甚于生，则凡可以得生者，何不用也？使人之所恶莫甚于死者，则凡可以辟患者，何不为也？由是则生而有不用也，由是则可以辟患而

有不为也，是故所欲有甚于生者，所恶有甚于死者。非独贤者有是心也，人皆有之，贤者能勿丧耳。一箪食，一豆[2]羹，得之则生，弗得则死，嘑尔[3]而与之，行道之人弗受；蹴尔[4]而与之，乞人不屑也。万钟则不辩礼义而受之。万钟于我何加焉？为宫室之美、妻妾之奉、所识穷乏者得[5]我与？乡[6]为身死而不受，今为宫室之美为之；乡为身死而不受，今为妻妾之奉为之；乡为身死而不受，今为所识穷乏者得我而为之，是亦不可以已乎？此之谓失其本心。”

［注释］ ① 辟：通“避”。 ② 豆：古代盛羹汤的食器。 ③ 嘑尔：呼喝着。嘑，通“呼”。 ④ 蹴尔：踢踏着。 ⑤ 得：感激。 ⑥ 乡：通“向”。

［译文］ 孟子说：“鱼是我所喜欢的东西，熊掌也是我所喜欢的东西，要是二者不能同时得到，那么我就舍鱼而取熊掌。生命是我所珍视的，道义也是我所热爱的，如果二者不能同时拥有，我便牺牲生命而取道义。虽然生命是我所珍视的，但因我所珍视的东西有超过了生命的，所以就不会干苟且偷生的勾当；死亡是我所厌恶的，但因还有比死亡更令我厌恶的东西，所以我便不会躲避某些灾难。如果人们没有比珍爱生命更可珍爱的，那么所有能够有助于生存的手段，哪有派不上用场的呢？如果人们没有比厌恶死亡更可厌恶的，那么，一切能够逃避灾难的事情，谁不去干呢？虽然依此而行便能生存，但有些人却不屑为之；虽然依此而行可以躲避灾难，但有些人却不愿这么做。如此看来，有比生命更值得珍爱的东西，也有比死亡更令人厌恶的东西。不仅贤人有这种心境，所有的人都有，只是贤人能够保持它罢了。一筐饭，一碗汤，得到就能活命，得不到

就要饿死，但如果吆喝着给人吃，就是路过的饥饿者也不会接受；用脚踏过再给人吃，乞丐也会不屑一顾。可是万钟的俸禄，有人却不问它是否合乎礼义，便心安理得地接受了。那么，万钟的俸禄对我有什么益处呢？是为了住上华丽的居室、有娇妻美妾的侍奉、能接济贫穷的朋友并让他们感激我吗？以往宁可死去也不愿接受的，现在为了住上华丽的居室竟然接受了；过去宁可死去也不愿接受的，现在为了有妻妾侍奉却接受了；先前宁可死去也不愿接受的，现在为了接济贫穷的朋友并让他们感激我居然接受了，这种行为不是可以罢休了吗？这就叫丧失了他的本性。”

[原文]

11·11 孟子曰：“仁，人心也；义，人路也。舍其路而弗由，放其心而不知求，哀哉！人有鸡犬放，则知求之；有放心而不知求。学问之道无他，求其放心而已矣。”

[译文]

孟子说：“仁是人心的本质，义是人的必由之路。放弃正道不走，失去了良知而不知道寻找，这太可悲了！人们丢失了鸡和狗尚且知道寻找，失去了良知却不知道寻求。研究学问的关键不是别的，只是寻找失去的良知罢了。”

[原文]

11·12 孟子曰：“今有无名之指屈而不信①，非疾痛害事也，如有能信之者，则不远②秦、楚之路，为指之不若人也。指不若人，则知恶之；心不若人，则不知恶，此之谓不知类③也。”

[注释]

① 信：通“伸”。 ② 远：以……为远。 ③ 知类：了解轻重。

［译文］

孟子说："现在有一个人，他的无名指弯曲而不能伸直，尽管不痛苦也不碍事，但如果有人能使它伸直，就是远涉秦、楚之地也心甘情愿。这就是因为自己的手指不及正常人。手指不及别人尚且知道厌恶，心地不及别人却不知道厌恶，这就叫不知轻重。"

［原文］

11·13　孟子曰："拱把[①]之桐梓，人苟欲生之，皆知所以养之者。至于身，而不知所以养之者，岂爱身不若桐梓哉？弗思甚也。"

［注释］

① 拱把：合两手为"拱"，以一手握之为"把"。

［译文］

孟子说："合手粗的桐树和梓树，假如人们要使它很好地生长，都知道如何去培育它。至于自身却不知如何培养，难道爱惜自身竟不如爱惜桐树和梓树吗？这真是太不会思考了。"

［原文］

11·14　孟子曰："人之于身也，兼所爱。兼所爱，则兼所养也。无尺寸之肤不爱焉，则无尺寸之肤不养也。所以考其善不善者，岂有他哉？于己取之而已矣。体有贵贱，有小大[①]。无以小害大，无以贱害贵。养其小者为小人，养其大者为大人[②]。今有场师[③]，舍其梧槚[④]，养其樲棘[⑤]，则为贱场师焉。养其一指而失其肩背，而不知也，则为狼疾人[⑥]也。饮食之人，则人贱之矣，为其养小以失大也。饮食之人无有失也，则口腹岂适[⑦]为尺寸之肤哉？"

［注释］

① 体有贵贱，有小大："贵"和"大"比喻人的心志，"贱"和"小"比喻人的口腹。　② 大人：君子。　③ 场师：园艺师。　④ 梧槚：

梧桐和楸木这样的好木材。　⑤ 樲棘：酸枣树和荆棘这样不成材的灌木。　⑥ 狼疾人：糊涂人。狼疾，通“狼藉”。　⑦ 适：通“啻”，只。

［译文］

孟子说：“人对于身体的每一部分都要爱护备至，爱护备至便都能得到很好的保养。不爱护一块块的体肤，便不能保养一块块的体肤。考察身体保养得好与不好，难道有别的方法吗？不过看他注重身体的哪一部分罢了。身体的各个部分，有重要与次要之分，也有大小之别，不要因为小的部分而损害大的部分，也不要因为次要的部分而损害重要的部分。只注重保养小的部分就是小人，能保养大的部分便是君子。现在有这么一个园艺师，丢开梧桐和梓树，却去培养酸枣和荆棘，那就是蹩脚的园艺师了。保养他的一个手指，却忽略了他的肩背，但自己还不知道，那就是糊涂虫。贪图吃喝的人，人们都鄙视他，就是因为他因小失大。如果讲究饮食的人并没有忽略精神修养，那么吃喝难道仅仅是为了满足口腹这微不足道的部分吗？”

［原文］

11·15　公都子问曰：“钧①是人也，或为大人，或为小人，何也？”

孟子曰：“从其大体为大人，从其小体为小人。”

曰：“钧是人也，或从其大体，或从其小体，何也？”

曰：“耳目之官不思，而蔽于物。物交物，则引之而已矣。心之官则思，思则得之，不思则不得也。此天之所与我者。先立乎其大者，则其小者不能夺也。此为大人而已矣。”

[注释] ① 钧:通“均”。

[译文] 公都子问道:“同样是人,有的成为君子,有的却成为小人,这是为什么?”

孟子说:“满足身体最重要的部分就是君子,而满足次要器官(如口腹)的欲望就是小人。”

公都子问:“同样是人,为什么有的人顺从重要器官的需要,而有的人却要求满足次要器官的欲望?”

孟子说:“耳朵和眼睛不会思考,所以容易被外物所蒙蔽。当它们与外物接触的时候,便会被引向迷途。心这个器官的功能在于思考,(而人的良知)只要思考便能得到,如不思考就永远寻求不到。心这个器官是上天赐给我们的。只要先把这个重要的部分充分利用起来,那么次要的器官就不会把人的良知剥夺了。这就是成为君子的方法。”

[原文] **11·16** 孟子曰:“有天爵者,有人爵者。仁义忠信,乐善不倦,此天爵也;公卿大夫,此人爵也。古之人修其天爵,而人爵从之。今之人修其天爵,以要①人爵;既得人爵,而弃其天爵,则惑之甚者也,终亦必亡而已矣。”

[注释] ① 要:通“邀”,追求。

[译文] 孟子说:“有自然的爵位,有社会的爵位。仁义忠信,乐善不疲,这是自然的爵位;公卿大夫,这是社会的爵位。古人注重自然爵位(即道德品质)的培养,以追求社会爵位。现在的人培养自然爵位,为的是取得社会爵位。一旦取得了社会爵

位，便抛弃了自然爵位，这真是太糊涂了，这样最终连社会爵位也一定会丧失。”

[原文]

11·17　孟子曰：“欲贵者，人之同心也。人人有贵于己者，弗思耳矣。人之所贵者，非良贵也。赵孟之所贵，赵孟能贱[①]之。《诗》云：‘既醉以酒，既饱以德。’言饱乎仁义也，所以不愿[②]人之膏粱[③]之味也；令闻[④]广誉施于身，所以不愿人之文绣[⑤]也。”

[注释]

① 贱：使……贱。　② 愿：羡慕。　③ 膏粱：“膏”是肥肉，“粱”是细米。　④ 令闻：好名声。　⑤ 文绣：古代衣服有等级，只有有爵位的人才能穿绣花衣服。

[译文]

孟子说：“希望得到尊贵的地位，这是人们的共同心愿。但每个人身上都有可贵的东西，只是没有思考它罢了。别人给予的尊贵算不上真正的尊贵。赵孟所给予的尊贵，赵孟同样能使它变得卑贱。《诗经》中说：‘既喝醉了酒，又沾溉了德。’这是说仁义富足了，也就不再羡慕别人的美味佳肴了；美好的声誉加于自身，也就不会羡慕别人华丽的服饰了。”

[原文]

11·18　孟子曰：“仁之胜不仁也，犹水胜火。今之为仁者，犹以一杯水救一车薪之火也，不熄，则谓之水不胜火。此又与[①]于不仁之甚者也，亦终必亡而已矣。”

[注释]

① 与：同。

[译文]

孟子说：“仁道战胜非人道就像水战胜火一样。如今奉行仁道的人，就如同用一杯水去扑灭燃烧一车柴草的火焰，扑灭不了,就说水灭不了火,这样,他们又和那些极不仁道的人相同了,最终连那一点仁爱都没有了。”

[原文] **11·19** 孟子曰:“五谷者,种之美者也。苟为不熟,不如荑稗①。夫仁,亦在乎熟②之而已矣。”

[注释] ① 荑稗:稗谷。 ② 熟:使……成熟。

[译文] 孟子说:“五谷是粮食作物中的优良品种,但如果没有成熟,就连稗谷都不如。仁,关键也在于成熟。”

[原文] **11·20** 孟子曰:“羿之教人射,必志①于彀②。学者亦必志于彀。大匠诲人必以规矩,学者亦必以规矩。”

[注释] ① 志:期望。 ② 彀:拉满弓。

[译文] 孟子说:“羿教人射箭,一定要拉满弓,学习的人也一定要以此为标准。高超的木匠传授技艺一定要按规矩办事,学习的人也要以此作为准则。”

卷十二　告子章句下

凡十六章

［原文］

12·1　任人有问屋庐子曰："礼与食孰重？"

曰："礼重。"

"色与礼孰重？"

曰："礼重。"

曰："以礼食，则饥而死；不以礼食，则得食，必以礼乎？亲迎，则不得妻；不亲迎，则得妻，必亲迎乎？"

屋庐子不能对。明日之邹，以告孟子。

孟子曰："于答是也，何有①？不揣②其本，而齐其末，方寸之木可使高于岑楼③。金重于羽者，岂谓一钩金④与一舆羽之谓哉？取食之重者与礼之轻者而比之，奚翅⑤食重？取色之重者与礼之轻者而比之，奚翅色重？往应之曰：'紾⑥兄之臂而夺之食，则得食；不紾，则不得食，则将紾之乎？逾东家墙而搂其处子，则得妻；不搂，则不得妻，则将搂之乎？'"

［注释］

① 于答是也，何有：是"何有于答是也"的倒装。　② 揣：揣度。　③ 岑楼：高楼。　④ 一钩金：用金子做的带钩，重三钱多。　⑤ 奚翅：通"何啻"，何止。　⑥ 紾：扭住。

［译文］

有个任国人问屋庐子说："礼和食哪个重要？"

屋庐子答道："礼重要。"

这个人接着问道："色和礼哪个重要？"

屋庐子答道："还是礼重要。"

这个人又说："如果按照礼节去寻求食物，就会饿死；如果不按照礼节去寻求食物，就有饭吃，那么还一定要遵循礼吗？如果行迎亲礼便得不到妻子，不行迎亲礼便能得到妻子，那么还一定要行迎亲礼吗？"

屋庐子不能回答，第二天便到邹国，把这话告诉了孟子。

孟子说："这个问题怎么不好回答呢？如果不度量根基的高低是否相同，而只比较顶端，就是把一寸厚的木块（放在高处），也能使它比尖顶楼房还要高。金子的分量比羽毛重，难道便可以说三钱多的金子比一车羽毛重吗？用饮食的重要方面与礼节的细微之处相比，岂止饮食重要？拿婚姻的重要方面和礼节的次要部分相比，岂止婚姻重要？你可以这样去回答那个人：'扭伤兄长的胳膊，夺取他的食物，就有饭吃；不扭伤他的胳膊就没有饭吃，你因此会扭伤兄长的胳膊么？跳过东边邻居的墙头去拥抱他家的姑娘，便可以得到妻子；不去拥抱便得不到妻子，那你会去拥抱那个姑娘吗？'"

［原文］

12·2 曹交问曰："人皆可以为尧、舜，有诸？"

孟子曰："然。"

"交闻文王十尺，汤九尺。今交九尺四寸以长，食粟而已，如何则可？"

曰："奚有于是？亦为之而已矣。有人于此，力不能胜一匹雏[①]，则为无力人矣。今曰举百钧，则为有力人矣。然则举乌获[②]之任，是亦为乌获而已矣。夫人岂以不胜为患哉？弗为耳。徐行后长者谓之弟[③]，疾行先长者谓之不弟。夫徐行者，岂人所不能哉？所不为也。尧、舜之道，孝弟而已矣。子服尧之服，诵尧之言，行尧之行，是尧而已矣。子服桀之服，诵桀之言，行桀之行，是桀而已矣。”

曰：“交得见于邹君，可以假馆，愿留而受业于门。”

曰：“夫道若大路然，岂难知哉？人病不求耳。子归而求之，有余师。”

［注释］　① 一匹雏：一只小鸡。　② 乌获：古代有名的力士。　③ 弟：通“悌”。

［译文］　曹交问道：“每个人都能成为尧、舜那样的人，有这话吗？”

孟子说：“有。”

曹交说：“我听说周文王身高一丈，商汤身高九尺，如今我曹交也是个九尺四寸多的汉子，却只会吃饭而已，我怎样才能成为尧、舜那样的人呢？”

孟子说：“这有什么困难的呢？只要努力去做就行了。譬如有这么一个人，自以为连一只小鸡都提不动，便是个无力之人了。如果说能举起三千斤重的东西，便是个有力之人了。那么，能举起乌获所能举起的重量便是乌获之类的人了。人难道要为不能胜任而忧虑吗？只是不愿做罢了。慢慢地走在长者的后面叫做悌，很快地走在长者的前面就是不悌。慢慢地走，难道是人们所不能做到的吗？也是不愿做罢了。尧、舜的处世之道，就是奉行孝和悌而已。你穿尧那样的服装，说尧那样的话，做尧所做的事，就是尧那样的人了。但如果你穿桀那样的服装，说桀那样的话，做桀所做的事，也就是桀那种人了。”

曹交说：“我打算去见邹君，借一所客馆，想留下来做先生的门徒。”

孟子说：“‘道’就像大路一般，难道不易明了吗？就怕人们不去探求罢了。你还是回去自己研讨吧，老师多得很哩！”

［原文］

12·3 公孙丑问曰：“高子曰：《小弁》，小人之诗也。”

孟子曰：“何以言之？”

曰：“怨。”

曰：“固哉，高叟之为诗也！有人于此，越人关弓而射之，则己谈笑而道之，无他，疏之也。其兄关弓而射之，则己垂涕泣而道之，无他，戚①之也。《小弁》之怨，亲亲②也。亲亲，仁也。固矣夫，高叟之为诗也！”

曰：“《凯风》何以不怨？”

曰：“《凯风》，亲之过小者也。《小弁》，亲之过大者也。亲之过大而不怨，是愈疏也；亲之过小而怨，是不可矶③也。愈疏，不孝也；不可矶，亦不孝也。孔子曰：‘舜其至孝矣，五十而慕。’”

［注释］

① 戚：亲。 ② 亲亲：第一个“亲”是动词，亲近；第二个“亲”是名词，亲人。 ③ 矶：激怒。

［译文］

公孙丑问道：“高子说，《小弁》这首诗是小人所作。”

孟子说：“为什么这么讲呢？”

公孙丑说：“因为它表达的是怨恨之情。”

孟子说：“高老夫子对诗歌的解释真是太机械了！譬如这里有个人，如果越国人挽弓射他，那他会边说边笑地谈论这件事；这没有别的原因，而是越国人和他关系疏远的缘故。但如果他的兄长挽弓射他，那他就会痛哭流涕地诉说这件事；这也没有别的原因，因为兄长是他的亲人。《小弁》这首诗所流露的怨恨之情，是出于亲人的热爱，而热爱亲人是符合仁道的。高老夫子对诗歌的解释真是太呆板了！”

公孙丑说：“那么《凯风》这首诗为什么没有流露怨恨之情呢？”

孟子说：“《凯风》没有怨恨，是因为作者母亲的过错比较小；《小弁》流露怨恨，是因为作者父亲的过错较大。父母的过错大而不抱怨，与父母的关系就更加疏远；父母的过错小却怀有怨恨，反而会刺激自己。和父母的关系进一步疏远是不讲孝道，反而刺激自己也是不讲孝道。孔子说：‘舜是最讲孝道的人了吧，到了五十岁还眷恋父母。’”

[原文]

12·4　宋牼将之楚，孟子遇于石丘，曰：“先生将何之？”

曰：“吾闻秦、楚构兵[①]，我将见楚王说[②]而罢之。楚王不悦，我将见秦王说而罢之。二王我将有所遇焉。”

曰：“轲也请无问其详，愿闻其指[③]。说之将何如？”

曰：“我将言其不利也。”

曰：“先生之志则大[④]矣，先生之号[⑤]则不可。先生以利说秦、楚之王，秦、楚之王悦于利，以罢三军之师，是三军之士乐罢而悦于利也。为人臣者怀利以事其君，为人子者怀利以事其父，为人弟者怀利以事其兄，是君臣、父子、兄弟终[⑥]去仁义，怀利以相接，然而不亡者，未之有也。先生以仁义说秦、楚之王，秦、楚之王悦于仁义，而罢三军之师，是三军之士乐罢而悦于仁义也。为人臣者怀仁义以事其君，为人子者怀仁义以事其父，为人弟者怀仁义以事其兄，是君臣、父子、兄弟去利，怀仁义以相接也，然而不王者，未之有也。何必曰利？”

［注释］ ① 构兵：交战。 ② 说：游说。 ③ 指：通“旨”，大意。 ④ 大：善。 ⑤ 号：名号，所用的提法。 ⑥ 终：尽，全部。

［译文］ 宋牼要到楚国去，孟子在石丘和他相遇，问道：“先生要到哪里去？”

宋牼说：“我听说秦、楚两国交战，我要去见楚王，说服他停止战事。如果楚王不感兴趣，我就去见秦王，劝说他罢兵。两个君主中总会有和我的主张相投的。”

孟子说：“我不想打听详细情况，只想知道您的大概意图，您怎么去游说呢？”

宋牼说：“我打算从交兵不利这方面去说合。”

孟子说：“先生的用心是好的，但您的提法却不妥。您从功利的角度去劝说秦、楚两国的君主，他们因为有利可图而高兴，从而停止战事，官兵们也乐于休战并对功利表现出浓厚的兴趣。做臣下的抱着功利的目的侍奉君主，做儿子的抱着功利的目的奉养父亲，做弟弟的抱着功利的目的服事兄长，这样，君臣、父子、兄弟之间便最终失去了仁义这个纽带。抱着功利的目的相互对待而不弄得国破家亡，这是从来没有的。如果先生用仁义之道去劝说秦王和楚王，而他们又对之很感兴趣，于是停止战争，这样，三军将士便乐于休战并对仁义表现出极大的兴趣。做臣下的以仁义之道去侍奉君王，做儿子的以仁义之道去奉养父亲，做弟弟的以仁义之道去服事兄长，这样，君臣、父子、兄弟之间就去掉了功利性，而怀着仁义的观念相互对待。如此却不能主宰天下，这也是从来没有的。为什么一定要谈功利呢？”

［原文］

12·5　孟子居邹。季任为任处守，以币交，受之而不报。处于平陆，储子为相，以币交，受之而不报。他日，由邹之任，见季子；由平陆之齐，不见储子。屋庐子喜曰：“连①得间②矣！”问曰：“夫子之任见季子，之齐不见储子，为其为相与？”

曰：“非也。《书》曰：‘享多③仪，仪不及物曰不享，惟不役志于享。’为其不成享也。”

屋庐子悦。或问之，屋庐子曰：“季子不得之邹，储子得之平陆。”

［注释］

① 连：屋庐子的名。　② 得间：找到岔子。间，缝隙。　③ 多：以……为贵。

［译文］

孟子住在邹国的时候，季任正留守任国，代替国君处理政事。他送了孟子一些礼物，想与之结交。孟子接受了，但没有回报。后来孟子住在平陆，储子正担任齐国的卿相，他也送了孟子一些礼物，想与之结交。孟子同样接受，但也不回报。过了些时候，孟子从邹国到任国，拜访了季子；但从平陆去齐都，却没有拜访储子。屋庐子高兴地说：“我找到老师的岔子了。”于是他问道：“老师到任国，拜访了季子；到齐国，却不拜访储子，是因为他只是个卿相吗？”

孟子说：“不是。《尚书》上说：‘享献之礼以仪节最为重要，如果仪节与礼物不相般配，那就等于没有享献。’因为享献者没有把心神倾注在上面。”

屋庐子听后非常高兴。有人问他，他说："季子没能亲自到邹国去，而储子却是亲自到平陆去的。（他为什么不亲自去送礼呢？）"

［原文］

12·6 淳于髡曰："先名实①者，为人也；后名实者，自为也。夫子在三卿②之中，名实未加于上下而去之，仁者固如此乎？"

孟子曰："居下位，不以贤事不肖者，伯夷也。五就汤，五就桀者，伊尹也。不恶汙君，不辞小官者，柳下惠也。三子者不同道，其趋一也。一者何也？曰，仁也。君子亦仁而已矣，何必同？"

曰："鲁缪公之时，公仪子为政，子柳、子思为臣，鲁之削也滋甚。若是乎贤者之无益于国也！"

曰："虞不用百里奚而亡，秦穆公用之而霸。不用贤则亡，削何可得与？"

曰："昔者王豹处于淇，而河西善讴。绵驹处于高唐，而齐右善歌。华周、杞梁之妻善哭其夫③而变国俗。有诸内必形诸外，为其事而无其功者，髡未尝睹之也。是故无贤者也，有则髡必识之。"

曰："孔子为鲁司寇，不用，从而祭，燔肉不至，不税④冕而行。不知者以为为肉也，其知者以为为无礼也。乃孔子则欲以微罪⑤行，不欲为苟去。君子之所为，众人固不识也。"

［注释］

① 名实：名，声誉。实，事功。 ② 三卿：指上卿、亚卿、下卿。一说指相、将、客卿。 ③ 华周、杞梁之妻善哭其夫：传说华周、杞梁战死，其妻子痛哭不已，以至城墙崩塌。 ④ 税：通"脱"。 ⑤ 微罪：小过。

［译文］

淳于髡说："把名誉功业放在首要位置是为了济世安民，把名誉功业放在次要位置是为了独善其身。先生在齐国身居三卿的高位，但从上辅君主到下济万民两方面您都没有取得足够的功业和名誉，可现在却要离开齐国，一个奉行仁道的人原来就是这样吗？"

孟子说："身居卑位，不愿以贤者的身份去侍奉昏庸的君主，这就是伯夷；五次投靠商汤，又五次投靠夏桀，那是伊尹；不厌嫌混恶的君主，不拒绝卑微的职位，则是柳下惠。这三个人的所作所为不同，但大方向是一致的。这一致的东西是什么呢？可以说是仁。君子只要奉行仁道就可以了，为什么非要完全相同呢？"

淳于髡说："鲁缪公在位的时候，公仪子代理国政，泄柳和子思都在朝廷担任官职，但鲁国却越来越弱，贤者对国家毫无补益竟到了这种地步啊！"

孟子说："虞国因不用百里奚而灭亡，秦穆公却因用百里奚而称霸中国。不用贤者就亡国灭顶，即使想勉强生存，怎么能办到呢？"

淳于髡说："从前王豹住在淇水畔，于是河西的人都擅长歌唱；绵驹住在高唐，于是齐国西部的人也都擅长歌唱；华周和杞梁的妻子痛哭她们的丈夫，从而改变了国家的风俗。内心有什么，外部一定会表现什么。从事某种工作，但却没有什么成就，这种情况我淳于髡从来没有见过。所以，现在真是没有什么贤人。如果有，我一定会知道他的。"

孟子说："孔子在鲁国担任司寇，但不被信任。他参与祭祀，也不给他送去祭肉，于是他匆匆地离开了鲁国。不了解孔子为人的人以为他是计较祭肉，了解孔子的人知道他是因为鲁君无礼才离去。至于孔子,(为了掩饰君过,)宁愿负一点小罪名而离开,也不想随便出走。君子的所作所为,一般人本来就不了解。"

［原文］

12·7 孟子曰:"五霸[①]者,三王[②]之罪人也。今之诸侯,五霸之罪人也。今之大夫,今之诸侯之罪人也。天子适诸侯曰巡狩,诸侯朝于天子曰述职。春省耕而补不足,秋省敛而助不给。入其疆,土地辟,田野治,养老尊贤,俊杰在位,则有庆[③],庆以地。入其疆,土地荒芜,遗老失贤,掊克在位,则有让。一不朝则贬其爵,再不朝则削其地,三不朝则六师移之。是故天子讨而不伐,诸侯伐而不讨。五霸者,搂[④]诸侯以伐诸侯者也。故曰五霸者,三王之罪人也。五霸,桓公为盛。葵丘之会诸侯,束牲[⑤]载书[⑥]而不歃血[⑦]。初命曰:'诛不孝,无易树子,无以妾为妻。'再命曰:'尊贤育才,以彰有德。'三命曰:'敬老慈幼,无忘宾旅。'四命曰:'士无世官,官事无摄,取士必得,无专杀大夫。'五命曰:'无曲防[⑧],无遏籴[⑨],无有封而不告。'曰:'凡我同盟之人,既盟之后,言归于好。'今之诸侯皆犯此五禁,故曰今之诸侯,五霸之罪人也。长君之恶其罪小,逢君之恶其罪大。今之大夫皆逢君之恶,故曰今之大夫,今之诸侯之罪人也。"

［注释］

① 五霸:春秋五霸向来有不同的说法,比较通行的说法是:齐桓公、晋文公、楚庄王、秦穆公、吴王阖闾;或者是齐桓公、宋襄公、晋文公、秦穆公、楚庄王。 ② 三王:夏禹,商汤,周文王、周武王。 ③ 庆:赏赐。 ④ 搂:挟持。 ⑤ 束牲:古代订盟多用牺牲,或杀或不杀。

这里说"束牲",是不杀。 ⑥ 载书:写在盟书上。 ⑦ 歃血:啜血。 ⑧ 曲防:到处建堤坝。防,堤坝。 ⑨ 遏籴:禁止卖粮食。

[译文]

孟子说:"五霸是三王的罪人,现在的诸侯是五霸的罪人,现在的大夫是当今诸侯的罪人。天子到诸侯国视察叫巡狩,诸侯朝见天子叫述职。(天子巡狩,)春天考察耕种情况,以补助百姓的不足;秋天调查收获的情况,以赈济贫困户。进入某国的疆界,如果看到土地已经开辟,农事井然有序,老者有人赡养,贤者受到尊重,杰出的人才为朝廷重用,那么就有赏赐,即赐给土地。如果进入某国疆界,土地荒芜,老人被遗弃,贤者受冷落,横征暴敛的人在朝廷得势,那么就要责罚。(诸侯向天子述职,)一次不朝见,就贬低爵位;两次不朝见,就减削封地;三次不朝见,就派兵讨伐。所以天子动用武力叫做'讨'而不是'伐',(因为他只发布命令,而不亲自出征;)诸侯叫做'伐,而不是'讨'(,因为他们只是执行天子的意旨,去征伐不听朝命的诸侯,自己不能发号施令)。五霸是挟持一部分诸侯去征伐另一部分诸侯的人,所以说他们是三王的罪人。五霸中最强大的是齐桓公。在葵丘的盟会上,他与诸侯们一起捆绑祭祀的牛羊,并把盟书搁在上面,(因为他相信诸侯们不敢毁约,)因此没有歃血。盟约的第一条说,诛罚不孝之子,不要擅自另立太子,不要立妾为妻。第二条说,尊重贤者,培育英才,以表彰德行高尚的人。第三条说,敬重老人,爱护儿童,不要怠慢外宾和过路的旅客。第四条说,士人的官职不得世袭,公务不能兼代,选拔士人一定要得当,不要随便杀戮大夫。第五条说,不要到处设防,不要禁止其他国家收购粮食,不要未经请示盟主就自行封赏。最后又说,凡是参与盟约的人,在结盟之后,要恢复往日的友好。而现在的诸侯都违犯了这五条禁令,所以说,当今的诸侯是五霸的罪人。助长君主的邪恶行径,这个过错还不算大;但君主有恶行,臣子却曲意逢迎,这种罪过就大了。所以说,当今的大夫是当今诸侯的罪人。”

［原文］

12·8 鲁欲使慎子为将军。孟子曰:“不教民而用之,谓之殃民。殃民者,不容于尧、舜之世。一战胜齐,遂有南阳,然且不可——”

慎子勃然不悦,曰:“此则滑釐所不识也。”

曰:“吾明告子:天子之地方千里,不千里,不足以待诸侯。诸侯之地方百里,不百里,不足以守宗庙之典籍。周公之封于鲁,为方百里也,地非不足,而俭①于百里。太公之封于齐也,亦为方百里也,地非不足也,而俭于百里。今鲁方百里者五,子以为有王者作,则鲁在所损乎,在所益乎?徒取诸彼以与此,然且仁者不为,况于杀人以求之乎?君子之事君也,务引其君以当道,志于仁而已。”

［注释］

① 俭:少。

［译文］

鲁国想让慎子做将军。孟子说:“不先对百姓进行教化就用他们去打仗,这叫坑害百姓。坑害百姓的人,是不能见容于尧、舜时代的。即使一经交锋便能打败齐国并占据南阳,这样尚且不行——”

慎子(没把话听完便)勃然变色,很不高兴地说道:“这是我慎滑釐所不明白的。”

孟子说:“那我明白地告诉你吧。天子的土地方圆千里,如果不足一千里,便不够资格接待诸侯。诸侯的土地方圆一百里,如果不足一百里,便不能奉守宗庙里保存的典籍。周公被封在鲁国,约有方圆百里的土地;不是土地不够,但实际上不足百里。太公被封在齐国,也有约方圆百里的土地;同样,土地不是不够,但实际也少于百里。现在鲁国的方圆相当于五个一百里,你认为假如有贤明的君主出现,那么鲁国的土地是会减少呢,还是会增加呢?不动用一兵一卒,把那个国家的土地送给这个国家,仁爱之人尚且不做,何况用杀人的手段去谋求土地呢?君子侍奉君主,一定要引导他走上正道,心怀仁爱罢了。"

[原文]

12·9 孟子曰:"今之事君者皆曰:'我能为君辟土地,充府库。'今之所谓良臣,古之所谓民贼也。君不乡①道,不志于仁,而求富之,是富桀也。'我能为君约与国②,战必克。'今之所谓良臣,古之所谓民贼也。君不乡道,不志于仁,而求为之强战,是辅桀也。由今之道,无变今之俗,虽与之天下,不能一朝居也。"

[注释]

① 乡:通"向"。　② 与国:盟国。

[译文]

孟子说:"现在侍奉君主的人都说:'我能为君主开辟土地,充实府库。'现在的所谓良臣,正是古代所谓的害民之贼。君主不向往道义,不有志于仁爱,却谋求使他富足,这等于让夏桀富足。他们又说:'我能替君主与别国结盟,每战必胜。'现在所谓的良臣,也是古代所说的害民之贼。君主不向往道义,不有志于仁爱,而勉力为他作战,这等于辅助夏桀。如果沿着现在这条路走下去,不改变如今的习俗,即使把整个天下交给他,他连一天也不能维持。"

［原文］

12·10 白圭曰："吾欲二十而取一，何如？"

孟子曰："子之道，貉[1]道也。万室之国，一人陶，则可乎？"

曰："不可，器不足用也。"

曰："夫貉，五谷不生，惟黍生之；无城郭、宫室、宗庙、祭祀之礼，无诸侯币帛饔飧[2]，无百官有司，故二十取一而足也。今居中国，去人伦，无君子，如之何其可也？陶以寡，且不可以为国，况无君子乎？欲轻之于尧、舜之道者，大貉、小貉也；欲重之于尧、舜之道者，大桀、小桀也。"

［注释］

① 貉：通"貊"，北方的小国。 ② 饔飧：招待宴会。

［译文］

白圭说："我想把税率定为二十抽一，你认为怎么样？"

孟子回答说："你的做法是貉国的做法。如果一个有万户人口的国家只有一个人制作陶器，行吗？"

白圭说："不行，生产的陶器是不够用的。"

孟子说："貉国那里，五谷不能生长，只能生长糜子；没有城墙、宫室、宗庙和祭祀的礼仪；没有诸侯往来，这样就不需要互送礼物和宴饮；没有各种衙门和官吏，因此税率定为二十抽一就足够了。如今在中国废弃伦常，取消各种官吏，那怎么行呢？陶工太少，尚且治理不好国家，何况没有官吏呢？想比尧、舜时代税率还要轻的，是大貉和小貉；想比尧、舜时代税率重的，是大桀和小桀。"

［原文］

12·11 白圭曰："丹[1]之治水也愈于禹。"

孟子曰："子过矣。禹之治水，水之道也，是故禹以四海为壑。今吾子以邻国为壑。水逆行谓之洚水。洚水者,洪水也。仁人之所恶也。吾子过矣。"

[注释]　① 丹:白圭的名。

[译文]　白圭说:"我治理水患的能力比大禹强。"

孟子说:"你错了。大禹治理水患,是根据水的本性加以疏导,所以他把大海作为水的归宿。可现在你竟把水引向邻国。大水横流叫做洚水。洚水就是洪水。这是仁者所深恶痛绝的。你错了。"

[原文]　**12·12**　孟子曰:"君子不亮[①],恶乎执?"

[注释]　① 亮:通"谅",诚信。

[译文]　孟子说:"君子不诚实,怎么能保持操守呢?"

[原文]　**12·13**　鲁欲使乐正子为政。孟子曰:"吾闻之,喜而不寐。"

公孙丑曰:"乐正子强乎?"

曰:"否。"

"有知虑乎?"

曰:"否。"

"多闻识乎?"

曰:"否。"

"然则奚为喜而不寐?"

曰:"其为人也好善。"

"好善足乎?"

曰:"好善优于天下[①],而况鲁国乎?夫苟好善，则四海之内皆将轻千里而来告之以善。夫苟不好善，则人将曰：'訑訑②，予既③已知之矣。'訑訑之声音颜色距④人于千里之外。士止于千里之外，则谗谄面谀之人至矣。与谗谄面谀之人居，国欲治，可得乎？"

［注释］ ① 好善优于天下：即"好善优于治天下"。　② 訑訑：自鸣得意的样子。　③ 既：尽，全部。　④ 距：通"拒"。

［译文］ 鲁国想让乐正子主持国政。孟子说："我听说这件事后，高兴得睡不着觉。"

公孙丑问道："乐正子很坚强吗？"

孟子说："不。"

公孙丑又问："他有智慧有谋略吗？"

孟子说："不。"

公孙丑接着又问："他见闻广博吗？"

孟子答道："不。"

公孙丑问道："那为什么高兴得睡不着觉呢？"

孟子说："他的为人是乐于听取有益的话。"

公孙丑反问道："乐于听取有益的话就够了吗？"

孟子答道："能乐于听取有益的话，凭此治理天下就绰绰有余，何况治理鲁国？假如能听取善言，那么四面八方的人都会不远千里地赶来向你提供有益的建议；但如果不能听取善言，那人们会（模仿他的神态）说：'哦哦，我早就知道了！''哦哦'之声和满不在乎的神情，便拒人以千里之外了。把士人止于千里之外，那进谗言、拍马屁的人随后就来，和这种小人为伍，想治理好国家，能做到吗？"

[原文]

12·14　陈子曰："古之君子何如则仕？"

孟子曰："所就[1]三，所去三。迎之致敬以有礼；言，将行其言也，则就之。礼貌未衰，言弗行也，则去之。其次，虽未行其言也，迎之致敬以有礼，则就之。礼貌衰，则去之。其下，朝不食，夕不食，饥饿不能出门户，君闻之，曰：'吾大者不能行其道，又不能从其言也，使饥饿于我土地，吾耻之。'周[2]之，亦可受也，免死而已矣。"

[注释]

① 就：就官位。　② 周：接济。

[译文]

陈子说："古代的君子在什么情况下才出来做官？"

孟子说："走上仕途的情况有三种，脱离仕途的情况也有三种。迎接他的时候恭敬有礼，对他的言论准备付诸实行，便可以就职；礼貌虽没有不周，但对他的言论不付诸实行，那便去职离开。其次，虽然还没有落实他的言论，但却能恭敬有礼地迎接他，也可以就职；如果礼貌不周，就离开。最次的是，早晚没有饭吃，因饥饿而无力出门，君主知道了，说道：'我在大的方面不能实践他的学说，又不能听取他的言论，使他在我的国土上忍饥挨饿，我对此感到耻辱。'因此便接济他，这也可以接受，但仅仅是免于一死罢了。"

[原文]

12·15　孟子曰："舜发于畎亩之中[1]，傅说举于版筑之间[2]，胶鬲举于鱼盐之中[3]，管夷吾举于士[4]，孙叔敖举于海[5]，百里奚举于市。故天将降大任于是人也，必先苦[6]其心志，劳[7]其筋骨，饿[8]其体肤，空乏[9]其身，行拂乱其所为，所以动心忍[10]性，曾[11]益其所不能。人恒过，然后能改。困于心，衡[12]于虑，而后作。征于色，发于声，而后喻。入则无法家拂士⑬，出则无敌国外患者，国恒亡。然后知生于忧患而死于安乐也。”

［注释］ ① 舜发于畎亩之中：舜原本在历山耕田，后来得到尧的赏识，继承了尧的帝位。 ② 傅说举于版筑之间：商王武丁夜梦得到圣人的辅佐，后来找到正在修筑城墙的傅说，武丁任命傅说为相。中国古代在筑墙的时候，两版相夹，中间填土，再用杵头砸实。这种方法叫“版筑”。 ③ 胶鬲举于鱼盐之中：胶鬲是商纣王时的大臣，他是怎样“举于鱼盐之中”的，史书已经失载了。 ④ 管夷吾举于士：管仲原本辅佐齐桓公的政敌，他被关到监狱，鲍叔把他救出来，任以要职。士，监狱官。 ⑤ 孙叔敖举于海：孙叔敖是楚国的令尹，他是怎样“举于海”的，史书已经失载了。 ⑥ 苦：使……受苦。 ⑦ 劳：使……劳动。 ⑧ 饿：使……挨饿。 ⑨ 空乏：使……受穷。 ⑩ 忍：使……坚忍。 ⑪ 曾：通“增”。 ⑫ 衡：通“横”，塞满。 ⑬ 拂士：辅佐的人士。拂，通“弼”。

［译文］ 孟子说：“大舜是由一个普通的农夫发迹的，傅说是从建筑工人中举荐的，胶鬲是从贩卖鱼盐的小商人中举荐的，管夷吾是从囚徒中举荐的，孙叔敖是从海滨举荐的，百里奚是从贸易市场举荐的。所以上天要把重大的使命委托给某个人，一定首先要让他内心苦痛，筋骨劳累，让他忍饥挨饿，让他身遭穷困，让他每做一件事情总是那么不如人意，这样便能触动他的心灵，培养他的意志，增强他的能力。一个人经常犯错误，才能有改正的机会；思想上感到困惑，智虑上又遇到障碍，才能奋发有为。然后把这种情绪通过表情、言辞体现出来，人们便了解你了。如果国内没有精于法制的大臣和胜任辅弼的贤士，国外又没有力量相当的国家所形成的外患，那么，一定要发生亡国的事情。明白了这个道理，就知道忧愁困苦反能使

人生存，安逸享乐倒会导致灭亡的道理了。"

［原文］

12·16 孟子曰："教亦多术矣，予不屑之教诲也者，是亦教诲之而已矣。"

［译文］

孟子说："教育的方式多种多样，我不屑去教诲他，这也是一种教诲的方法哩。"

卷十三 尽心章句上

凡四十六章

[原文]

13·1 孟子曰："尽其心者，知其性也。知其性，则知天矣。存其心，养其性，所以事天也。殀寿不贰①，修身以俟之，所以立命也。"

[注释]

① 贰：三心二意。

[译文]

孟子说："能够充分发挥自己的良知，就能了解人的本性。了解人的本性，就懂得天命了。保持良知，培养自身的本性，这是对待天命的方式。不管短命还是长寿，都毫不动摇，一心修身养性，以等待天命的安排，这是安身立命的方法。"

[原文]

13·2 孟子曰："莫非命也，顺受其正。是故知命者不立乎岩墙①之下。尽其道而死者，正命也；桎梏死者，非正命也。"

[注释]

① 岩墙：高墙。

[译文]

孟子说："一切都是命运（决定的），如能顺理而行，所接受的就是正常的命运，因此懂得命运的人不会站在危墙之下。完全为追求道义而死的人接受的就是这种命运，那些犯罪坐牢而死的人，接受的就不是正常的命运。"

[原文]

13·3 孟子曰："求则得之，舍则失之，是求有益于得也，求在我者也。求之有道，得之有命，是求无益于得也，求在外者也。”

[译文]　孟子说：“（有些事物）只要去探求就能得到；若要放弃，便会失去，这就是探求有益于收获，因为所探求的对象就存在于我本身。探求有一定的方式方法，但能否得到却是由命运决定的，这便是探求无益于收获，因为所探求的东西存在于我自身之外。”

[原文]　**13·4**　孟子曰：“万物皆备于我矣。反身①而诚，乐莫大焉。强恕②而行，求仁莫近焉。”

[注释]　① 反身：反思自身。　② 强恕：勉力推行恕道。

[译文]　孟子说：“一切我都具备了。如果我反躬自问，认为自己已经做到了忠厚诚实，那就是最大的快乐。永不懈怠地奉行恕道以推己及人，这是最为便捷的通向仁爱的道路。”

[原文]　**13·5**　孟子曰：“行之而不著焉，习矣而不察焉，终身由之而不知其道者，众也。”

[译文]　孟子说：“如果这样做了，却不明白为什么要这样做；习以为常了，却不知其所以然；一生总是沿着这条道路走，却不清楚走的是一条什么样的道路，这种人是平凡的人。”

[原文]　**13·6**　孟子曰：“人不可以无耻，无耻之耻，无耻矣。”

[译文]　孟子说：“一个人不能没有羞耻，不知道羞耻的羞耻，才是

真正的不知羞耻。”

[原文] **13·7** 孟子曰：“耻之于人大矣。为机变[1]之巧者，无所用耻焉。不耻不若人，何若人有？”

[注释] ① 机变：狡诈而多变。

[译文] 孟子说：“羞耻对于一个人来说关系重大，阴险奸诈的人是任何时候也不会感到羞耻的。不把不如他人看做是羞耻，那他怎么能赶上别人呢？”

[原文] **13·8** 孟子曰：“古之贤王好善而忘势。古之贤士何独不然？乐其道而忘人之势，故王公不致敬尽礼，则不得亟[1]见之。见且由不得亟，而况得而臣[2]之乎？”

[注释] ① 亟：屡次。 ② 臣：以……为臣。

[译文] 孟子说：“古代贤明的君主喜爱善言善行，因而忘记了自己显赫的权势。古代的贤士又何尝不是如此？他们乐于奉行自己的主张，因而忽略了权势。所以王公如果不对他们恭敬礼貌，就不能屡次见到他们。相见的机会尚且不多，更何况让他们做臣子呢？”

[原文] **13·9** 孟子谓宋句践曰：“子好游[1]乎？吾语子游。人知之亦嚣嚣[2]；人不知亦嚣嚣。”

曰：“何如斯可以嚣嚣矣？”

曰：“尊德乐义，则可以嚣嚣矣。故士穷不失义，达不离道。穷不失义，故士得己焉；达不离道，故民不失望焉。古之人,得志,泽加于民;不得志,修身见于世。穷则独善其身,达则兼善天下。”

[注释]　① 游:游说。　② 嚣嚣:自得其乐的样子。

[译文]　孟子对宋句践说:“你喜欢到各国游说吗?我给你说说游说时应采取的态度。别人理解我,我悠然自得;别人不理解我,我也悠然自得。”

宋句践说:“怎样才能做到悠然自得呢?”

孟子答道:“崇尚德操,热爱道义,就可以自得其乐了。士人即使不得志也不放弃道义,所以能自得其乐;即使仕途通达也不偏离道义,所以百姓不会感到失望。古代的人,得意的时候便向百姓普施恩泽,失意的时候便修养品性以昭示于世人。不得志,就自我拯救;得志了,便兼济天下。”

[原文]　**13·10**　孟子曰:“待文王而后兴①者,凡民也。若夫豪杰之士,虽无文王犹兴。”

[注释]　① 兴:振作,奋发。

[译文]　孟子说:“要等到文王这样圣明的君主出现,然后才能奋发有为的,是平凡的人。至于杰出的人才,即使没有文王这样的人出现,也会奋发有为。”

[原文]　**13·11**　孟子曰:“附之以韩、魏之家①,如其自视欿然②,则过人远矣。”

[注释]　① 家:春秋时大夫称“家”。　② 欿然:不自满的样子。欿,通“坎”。

［译文］ 孟子说："把春秋时晋国韩、魏两大家族的财富送给他，他也毫不自满，这种人便远远超出一般人。"

［原文］ **13·12** 孟子曰："以佚道使民，虽劳不怨。以生道杀民，虽死不怨杀者。"

［译文］ 孟子说："以让百姓安逸的原则去役使百姓，即使劳累困苦，他们也不会埋怨。为了使百姓生存而去杀人，那人虽被杀死，也不会怨恨杀死他们的人。"

［原文］ **13·13** 孟子曰："霸者之民驩虞①如也，王者之民皞皞②如也。杀之而不怨，利之而不庸③，民日迁善而不知为之者。夫君子所过者化，所存者神，上下与天地同流，岂曰小补之哉？"

［注释］ ① 驩虞：通"欢愉"。 ② 皞皞：心情舒畅的样子。 ③ 庸：酬功。

［译文］ 孟子说："霸主的（恩惠普及万民，）百姓们充满喜悦之情；圣王的（功业显赫，）百姓们感到心旷神怡。这样，人民就是被杀也不怨恨，就是得到恩惠也不觉得应该酬谢，每天都自觉不自觉地向好的方面转变。圣人所到之处，都被感化；停留之地，那微妙的影响更是神秘莫测。上与天、下与地一同运转，这难道仅仅是微不足道的补益吗？"

［原文］ **13·14** 孟子曰："仁言不如仁声之入人深也，善政不如善教之得民也。善政，民畏之；善教，民爱之。善政得民财，善教得民心。"

[译文]

孟子说："仁德的言辞不如仁德的音乐感人至深，良好的政治不如良好的教育更能赢得民心。良好的政治，百姓畏惧它；良好的教育，百姓喜爱它。良好的政治得到的是民财，良好的教育得到的是民心。"

[原文]

13·15　孟子曰："人之所不学而能者，其良能也；所不虑而知者，其良知也。孩提[1]之童无不知爱其亲者，及其长也，无不知敬其兄也。亲亲，仁也；敬长，义也；无他，达之天下也。"

[注释]

① 孩提：在襁褓中啼笑又能提抱的小孩子。小儿笑叫"孩"。

[译文]

孟子说："人不用学习便能做到的，这是良能；不用思考便能了解的，这是良知。两三岁的小孩没有不知道爱他父母的；等到长大了，没有不知道尊敬兄长的。亲爱父母是仁，尊敬兄长是义；（圣人一统天下）没有别的诀窍，就是把这两种品德在天下推而广之。"

[原文]

13·16　孟子曰："舜之居深山之中，与木石居，与鹿豕游，其所以异于深山之野人者几希。及其闻一善言，见一善行，若决江河，沛然莫之能御也。"

[译文]

孟子说："大舜居住在深山的时候，与树木、石头为伴，与麋鹿、野猪游处，和深山中的一般人相差无几。可是等他一旦听到一句有益的话，目睹一种良好的行为，（便立即雷厉风行地推广，）就像江河决口那样浩浩荡荡，没有人能阻挡得了。"

[原文] **13·17** 孟子曰："无为其所不为，无欲其所不欲，如此而已矣。"

[译文] 孟子说："不做自己所不愿做的事，不要自己所不想要的东西，这样做人就可以了。"

[原文] **13·18** 孟子曰："人之有德慧术知①者，恒存乎疢疾②。独孤③臣孽子④，其操心也危⑤，其虑患也深，故达⑥。"

[注释] ① 知：知识。 ② 疢疾：祸患。 ③ 独孤：孤立无援。 ④ 孽子：古代男子常一夫多妻，非嫡妻所生的孩子叫庶子，也叫孽子，地位低贱。 ⑤ 危：惴惴不安。 ⑥ 达：通达事理。

[译文] 孟子曰："人之所以具备道德、智慧、技能和知识，常常是因为他经历了灾难。只有那些孤立无援的臣下，遭人歧视的庶子，他们才十分警觉，对于患难的思虑比较深刻，因此也就通达人情事理。"

[原文] **13·19** 孟子曰："有事君人者，事是君则为容悦者也。有安社稷臣者，以安社稷为悦者也。有天民者，达可行于天下而后行之者也。有大人者，正己而物正者也。"

[译文] 孟子说："有侍奉君主的人，他们侍奉这些君主只是为了讨得这些君主的欢心。有安邦定国的臣子，他们是以安邦定国为乐事。有所谓的天民，如果他们的主张能在天下通行，他们便去行动。有所谓的大人，他们只要端正了自身，外物也会

随之端正。”

［原文］

13·20　孟子曰：“君子有三乐，而王天下不与存焉。父母俱存，兄弟无故[①]，一乐也；仰不愧于天，俯不怍[②]于人，二乐也；得天下英才而教育之，三乐也。君子有三乐，而王天下不与存焉。”

［注释］

①故：灾患。　②怍：愧。

［译文］

孟子说：“君子有三种乐事，但主宰天下却不包括其中。父母健在，兄弟无灾无难，这是第一种乐事；对上无愧于天，对下无愧于人，这是第二种乐事；得到天下的优秀人才并对他们进行教育，这是第三种乐事。君子有三种乐事，而主宰天下并不包括其中。”

［原文］

13·21　孟子曰：“广土众民，君子欲之，所乐不存焉。中天下而立，定四海之民，君子乐之，所性不存焉。君子所性，虽大行不加焉，虽穷居不损焉，分定故也。君子所性，仁义礼智根于心，其生色也睟然[①]，见于面，盎[②]于背，施[③]于四体，四体不言而喻。”

［注释］

①睟然：清和温润的样子。　②盎：显露。　③施：延及。

［译文］

孟子说：“拥有广袤的土地和众多的百姓，这是君子所希求的，但他们的乐趣却不在这里；居于天下的中央位置，安定海内民众，这是君子所感兴趣的，但他与生俱来的本性却不在这里。君子的本性，即使他的理想能在天下实现，他也不会因此增加点什么；即使穷困潦倒、隐居乡野，他也不会因此减少点什么，这是因为本分已经确定的缘故。君子的本性，仁义礼智根植于心，流露出来的神色便清和温润。它体现在面容上，显露于肩背上，遍及四肢。四肢有所动作，即使不说话，也一目了然。”

［原文］

13·22 孟子曰：“伯夷辟纣，居北海之滨，闻文王作，兴曰：‘盍归乎来？吾闻西伯善养老者。’太公辟纣，居东海之滨，闻文王作，兴曰：‘盍归乎来？吾闻西伯善养老者。’天下有善养老，则仁人以为己归矣。五亩之宅，树墙下以桑，匹妇蚕之，则老者足以衣帛矣。五母鸡，二母彘，无失其时，老者足以无失肉矣。百亩之田，匹夫耕之，八口之家足以无饥矣。所谓西伯善养老者，制其田里，教之树畜，导其妻子使养其老。五十非帛不暖，七十非肉不饱。不暖不饱，谓之冻馁。文王之民无冻馁之老者，此之谓也。”

［译文］

孟子说：“伯夷逃避纣王，住在北海之滨，听说文王兴起了，便高兴地说道：‘何不回到西伯那里去呢？我听说他善于赡养老人。’姜太公躲避纣王，住在东海之滨，听说文王兴起了，也振奋地说：‘何不回到西伯那里去呢？我听说他善于赡养老人。’天下有善于养老的人，那么仁人就会把他当做自己的依靠。五亩大的宅园，在墙根种植桑树，妇女养蚕缫丝，老年人就足可以穿上丝绵袄了。每家养五只母鸡，两头母猪，只要不误了它们繁殖的时机，老年人便不会没有肉吃了。百亩田地，由男子耕种，八口之家就足可以吃饱了。所谓西伯善于养老，就是说他制定土地制度，教育百姓种植和畜牧，并引导妻儿赡养家中的老人。五十岁的老人没有丝绵袄就不能保暖，七十岁的老人没有肉便吃不饱。穿不暖，吃不饱，就叫受冻挨饿。文王的百姓中没有饥寒交迫的老人，就是这个意思。”

［原文］

13·23　孟子曰：“易[1]其田畴，薄其税敛，民可使富也。食之以时，用之以礼，财不可胜用也。民非水火不生活，昏暮叩人之门户求水火，无弗与者，至足矣。圣人治天下，使有菽粟如水火。菽粟如水火，而民焉有不仁者乎？”

［注释］

① 易：治理。

［译文］

孟子说：“治理好耕地，减轻赋税，便可使老百姓富足。按时食用，依礼开销，财物便用之不尽。百姓没有水和火就不能生存，黄昏或夜晚敲门向别人求点水或讨个火，没有人会不给的，这是因为这两种东西不缺。圣人治理天下，就要使粮食像水火一样富足。如果这样，百姓哪有不讲仁爱的呢？”

［原文］

13·24　孟子曰：“孔子登东山而小[1]鲁，登太山而小天下，故观于海者难为水，游于圣人之门者难为言。观水有术，必观其澜。日月有明，容光[2]必照焉。流水之为物也，不盈科不行；君子之志于道也，不成章[3]不达。”

［注释］

① 小：以……为小。　② 容光：很小的缝隙。　③ 章：一段音乐演奏完叫一章。引申为事物达到一定阶段、具备一定规模。

［译文］

孟子说：“孔子登上东山便感觉鲁国小了，登上了泰山便感觉天下也小了。所以,对见过大海的人,其他的水就很难引起他的注意了;对曾经师从过圣人的人,其他人的言论就很难吸引他了。观水有窍门,就是一定要观看它壮阔的波澜。太阳和月亮放射光辉,即使小小的缝隙也一定能照耀到。流水这个东西,不把低洼处填满决不往前淌。君子有志于道,不取得一定的成就,便不能通晓事理。"

[原文] **13·25** 孟子曰:"鸡鸣而起,孳孳[1]为善者,舜之徒也;鸡鸣而起,孳孳为利者,跖[2]之徒也。欲知舜与跖之分,无他,利与善之间也。"

[注释] ① 孳孳:勤苦的样子。 ② 跖:春秋时的大盗。

[译文] 孟子说:"鸡鸣便起,努力去做善事的,是舜一类的人;鸡鸣便起,全力以赴去追逐私利的,是跖一类的人。要知道舜与蹠两种人的差别,没有别的,只是利和善不同罢了。"

[原文] **13·26** 孟子曰:"杨子取[1]为我,拔一毛而利天下,不为也。墨子兼爱,摩顶放踵[2]利天下,为之。子莫执中。执中为近之。执中无权[3],犹执一也。所恶执一者,为其贼[4]道也,举一而废百也。"

[注释] ① 取:主张。 ② 摩顶放踵:摩秃了头顶,走破了脚跟,形容极度的劳苦。 ③ 权:权变。 ④ 贼:戕害。

[译文] 孟子说:"杨子主张以我为中心,如果拔一根毫毛而使天下的人得利,他都不会干的。墨子提倡兼爱,即使摩秃头顶、走破脚跟,只要能使天下的人获利,他也愿意去做。子莫则比较折中,折中的主张近乎正确。但如果折中而不知权变,那就

会拘泥于一点。之所以厌恶拘泥于一点，是因为它损害了仁义之道，顾及一面而不及其余。”

［原文］

13·27　孟子曰：“饥者甘食，渴者甘饮，是未得饮食之正也，饥渴害之也。岂惟口腹有饥渴之害？人心亦皆有害。人能无以饥渴之害为心害，则不及人不为忧矣。”

［译文］

孟子说：“饥饿的人吃什么都觉得美，口渴的人喝什么都觉得甜，他不能品尝到饮食的真正滋味，是因为饥饿和口渴损害了他（正常的味觉）。难道仅仅是口腹才有饥渴之害吗？人心也有类似的损害。如果人们（培养自己的心灵，）不让它遭受口腹那样的饥渴，（那就达到了圣贤境界，）也就不会因赶不上别人而发愁了。”

［原文］

13·28　孟子曰：“柳下惠不以三公易其介①。”

［注释］

① 介：操守。

［译文］

孟子说：“柳下惠不因为有三公的高位而改变自己的操守。”

［原文］

13·29　孟子曰：“有为者辟若掘井，掘井九轫①而不及泉，犹为弃井也。”

［注释］

① 轫：通“仞”，七尺。

［译文］

孟子说：“做事譬如挖井，挖到六七丈深却不见泉水，那仍然是一口废井。”

[原文]

13·30 孟子曰："尧、舜，性之也；汤、武，身之也；五霸，假之也。久假而不归，恶知其非有也。"

[译文]

孟子说："尧、舜奉行仁道是出于自然的秉性，商汤、周武王则是身体力行，五霸是借仁道以谋私利。假借的时间长了，总不归还，怎么知道他不会（弄假成真）占为己有呢？"

[原文]

13·31 公孙丑曰："伊尹曰：'予不狎[①]于不顺，放太甲于桐，民大悦。太甲贤，又反之，民大悦。'贤者之为人臣也，其君不贤，则固可放与？"

孟子曰："有伊尹之志则可，无伊尹之志则篡也。"

[注释]

① 狎：亲近。

[译文]

公孙丑说："伊尹说：'我不愿和那些违背义理的人亲近，因此才把太甲放逐到桐邑，老百姓很高兴。太甲悔过自新，又恢复了他的王位，老百姓也很高兴。'贤人作为臣子，要是他的君主为人不贤，那就可以放逐吗？"

孟子说："有伊尹那样（大公无私）的志向就可以；如果没有，便是篡权。"

[原文]

13·32 公孙丑曰："《诗》曰：'不素餐兮'。君子之不耕而食，何也？"

孟子曰："君子居是国也，其君用之，则安富尊荣；其子弟从之，则孝悌忠信。'不素餐兮'，孰大于是？"

［译文］

公孙丑说："《诗经》中说：'不要白吃饭啊'。君子不亲自耕种却有饭吃，这是为什么？"

孟子说："君子在这个国家居住，如君主任用他，便会平安富足，尊贵显荣；如少年人听从他，便会孝顺父母，尊敬兄长，忠诚守信。（什么叫）不白吃饭啊，难道还有比这更有益处的吗？"

［原文］

13·33　王子垫问曰："士何事？"

孟子曰："尚志。"

曰："何谓尚志？"

曰："仁义而已矣。杀一无罪，非仁也。非其有而取之，非义也。居恶在？仁是也。路恶在？义是也。居仁由义，大人之事备矣。"

［译文］

王子垫问道："士人应该做什么事？"

孟子说："应保持高尚的情志。"

王子垫又问道："什么叫保持高尚的情志？"

孟子说："奉行仁义罢了。杀害一个无辜的人，这是不仁；不应为自己所有的东西却取而归己，这是不义。士人应在哪里居处呢？'仁'便是。士人应走什么道路呢？'义'便是。处在仁中，顺义而行，大人的分内之事便具备了。"

［原文］

13·34　孟子曰："仲子，不义与之齐国而弗受，人皆信之，是舍箪食豆羹之义也。人莫大焉亡亲戚君臣上下。以其小者信其大者，奚可哉？"

[译文] 孟子说："陈仲子这个人，如果不合道义地把齐国交给他，他是不会接受的，人们也都相信他。但他奉行的这种道义只是一种舍弃一筐饭、一碗汤的道义。人的罪过没有比不要父母、君臣和尊卑更严重的了(，而陈仲子就是犯有这种罪过的人)。因为他有些微不足道的小操守，便相信他也有大操守，这怎么行呢？"

[原文] **13·35** 桃应问曰："舜为天子，皋陶为士，瞽瞍杀人，则如之何？"

孟子曰："执[1]之而已矣。"

"然则舜不禁与？"

曰："夫舜恶得而禁之？夫有所受之也。"

"然则舜如之何？"

曰："舜视弃天下犹弃敝蹝[2]也。窃负而逃，遵[3]海滨而处，终身䜣然[4]，乐而忘天下。"

[注释] ① 执：抓捕。 ② 蹝：通"屣"，草鞋。 ③ 遵：沿着。 ④ 䜣然：欣然。䜣，通"欣"。

[译文] 桃应问道："大舜做天子，皋陶做法官，如果大舜的父亲瞽瞍杀了人，那应该怎么办？"

孟子说："把他逮捕起来罢了。"

桃应又问道："那么大舜就不阻止吗？"

孟子说："大舜怎么禁止得了呢？去逮捕是有所根据的。"

桃应说："那大舜又怎么办呢？"

孟子说："大舜把放弃天下看做如同扔掉破鞋一样。他会背着瞽瞍偷偷地逃跑，沿着海滨居住下来，终身都很快乐，以至忘记了自己曾经是个天子。"

［原文］

13·36　孟子自范之齐，望见齐王之子，喟然叹曰："居移气，养移体，大哉居乎！夫非尽人之子与？"

孟子曰："王子宫室、车马、衣服多与人同，而王子若彼者，其居使之然也。况居天下之广居者乎？鲁君之宋，呼于垤泽之门。守者曰：'此非吾君也，何其声之似我君也？'此无他，居相似也。"

［译文］

孟子从范邑到齐国的都城去，远远看见了齐王的儿子，深深地叹息道："环境能改变气度，奉养可改变体质，环境对一个人的影响太大了！他不也是人的儿子吗？（为什么显得那样与众不同？）"

孟子说："王子的住所、车马和衣服多半与普通人相同，可他为什么显得那样气度不凡呢？就是因为所处的环境使然。何况处在天下最宽广的住宅——'仁'——之中的人呢？鲁国的君主到宋国去，在宋国东南城门下吆喝，守门人说：'这并不是我们的国君，但他的声音为什么与我们的国君如此相似？'这没有别的缘故，就是因为国君所处的环境相似。"

［原文］

13·37　孟子曰："食①而弗爱，豕②交之也；爱而不敬，兽③畜之也。恭敬者，币之未将④者也。恭敬而无实，君子不可虚拘。"

［注释］

① 食：养活。　② 豕：名词作状语，表示方式，像对待猪一样。
③ 兽：名词作状语，表示方式，像对待野兽一样。　④ 将：奉。

［译文］

孟子说："（对于人）仅仅给他饭吃而不加以爱抚，那就和养猪差不多；爱抚而不恭敬，也和豢养兽类没有分别。恭敬之心是在馈赠礼物之前就该具备了的。表面恭敬而无实质的内容，君子不可以拘泥于这种虚伪的礼节的。”

［原文］

13·38　孟子曰：“形、色，天性也。惟圣人然后可以践形。”

［译文］

孟子说：“形体与容貌是天生的，只有圣人才能充实它，使它变得更加完美，无愧于这种天性。”

［原文］

13·39　齐宣王欲短丧。公孙丑曰：“为期[①]之丧，犹愈于已乎？”

孟子曰：“是犹或紾其兄之臂，子谓之姑徐徐云尔，亦教之孝悌而已矣。”

王子有其母死者，其傅为之请数月之丧。公孙丑曰：“若此者何如也？”

曰：“是欲终之而不可得也。虽加一日愈于已，谓夫莫之禁而弗为者也。”

［注释］

① 期：一年。

［译文］

齐宣王想缩短守孝的期限。公孙丑说：“（父母去世，）守孝一年，不是比完全不守孝强些吗？”

孟子说：“这好比一个人去扭他兄长的胳膊，你却对他说慢慢地扭吧，（这样做行吗？）你只管教导他孝顺父母、尊敬兄长就可以了。”

王子中有死了母亲的，他的老师为他请求守孝几个月。公孙丑说：“这样做怎么样？”

孟子答道：“这是因为王子想守三年之丧却办不到。（我上次所说的）哪怕是多守一天孝也比不守孝好，是对那些没有人禁止他守孝但他却不愿守孝的人而言的。”

［原文］

13·40　孟子曰：“君子之所以教者五：有如时雨化之者，有成德者，有达财①者，有答问者，有私淑艾②者。此五者，君子之所以教也。”

［注释］

① 财：通“材”。　② 私淑艾：与“私淑”同义。

［译文］

孟子说：“君子用于教育的方式有五种：有像及时雨化育万物那样的，有帮助培养道德品格的，有发展个人才能的，有解答疑难问题的，有以自己的流风余韵被后人私自学习的。这五种便是君子用来教育别人的方式。”

［原文］

13·41　公孙丑曰：“道则高矣，美矣，宜若登天然，似不可及也。何不使彼为可几及而日孳孳也？”

孟子曰：“大匠不为拙工改废绳墨，羿不为拙射变其彀率。君子引而不发，跃如也①。中道而立，能者从之。”

［注释］

① 君子引而不发，跃如也：这是援引《论语》中的话。引，拉开弓弦。发，射箭。

［译文］

公孙丑说：“道真是太高了，太美了，（追求它）如同登天一般，似乎不可能达到，为什么不能使它变成可以接近因而可以每日努力寻求的东西呢？”

孟子说：“高明的工匠不会因为拙劣的工匠而改变或废弃必要的规矩，羿不会因为拙劣的射手改变拉弓的标准。君子（教育别人正如射手，）搭上箭拉满弓却不发射，只是做出跃跃欲试的样子。他(如同)站在道路的中间,(把握了一个恰当的标准,)能符合这种标准的都会跟上来。”

[原文] **13·42** 孟子曰:“天下有道,以道殉身;天下无道,以身殉道。未闻以道殉乎人者也。”

[译文] 孟子说:“天下安定,(君子受到重用,)‘道’便能得到施行;天下混乱,(君子便坚持操守,)不惜为‘道’而死;没有听说过为了迁就王侯而牺牲‘道’的。”

[原文] **13·43** 公都子曰:“滕更之在门也,若在所礼,而不答,何也?”

孟子曰:“挟贵①而问,挟贤而问,挟长而问,挟有勋劳而问,挟故而问,皆所不答也。滕更有二焉。”

[注释] ① 挟:倚仗。

[译文] 公都子说:“滕更在先生的门下学习,似乎应该以礼相待,但您却不回答他的问题,这是为什么?”

孟子说:“仗着权势发问,仗着才干发问,仗着年长发问,仗着有功发问,仗着与人有点老交情发问,都是我不愿回答的。(这五条)滕更就占了两条。”

[原文] **13·44** 孟子曰:“于不可已而已者,无所不已。于所厚者薄,无所不薄也。其进锐者,其退速。”

[译文] 孟子说:“不可以废止的事情却废止了,那就什么事情都

可以废止了。应该厚待的人却怠慢了,那就什么人都可以怠慢了。进取过快的人,退缩也快。”

［原文］

13·45 孟子曰:“君子之于物也,爱之而弗仁;于民也,仁之而弗亲。亲亲而仁民,仁民而爱物。”

［译文］

孟子说:“君子对待万物,爱惜却不施以仁德;对待民众,施以仁德却不亲近。君子亲近自己的亲人,因而以仁爱对待民众,并进一步推及万物。”

［原文］

13·46 孟子曰:“知①者无不知也,当务之为急;仁者无不爱也,急亲贤之为务。尧、舜之知而不遍物,急先务也;尧、舜之仁不遍爱人,急亲贤也。不能三年之丧,而缌②、小功③之察;放饭流歠④,而问无齿决⑤,是之谓不知务。”

［注释］

① 知:通“智”。 ② 缌:缌麻,三月的孝服。 ③ 小功:五月的孝服。 ④ 放饭流歠:大口吃饭,大口喝汤。 ⑤ 齿决:用牙齿把干肉咬断。

［译文］

孟子说:“智者无所不知,但最紧要的是处理当前的事务;仁者无所不爱,但最紧要的是亲近自己的亲人和贤者。尧、舜虽然智慧卓越,却也不能了解一切,因为他们要处理当务之急;尧、舜虽然仁爱,却不能爱所有的人,因为他们急于亲近自己的亲人和贤者。如果不能遵循三年的丧礼,却对缌麻三月、小功五月的丧礼过于讲究;如果与长者同席,竟大口吃饭,大口喝汤,(毫无礼貌,)但却计较不该用牙齿咬嚼干肉这等小节,这些都叫不识大体。”

卷十四　尽心章句下

凡三十八章

［原文］

14·1　孟子曰："不仁哉梁惠王也！仁者以其所爱及其所不爱，不仁者以其所不爱及其所爱。"

公孙丑问曰："何谓也？"

"梁惠王以土地之故，糜烂①其民而战之，大败。将复之，恐不能胜，故驱其所爱子弟以殉之，是之谓以其所不爱及其所爱也。"

［注释］

① 糜烂：使……糜烂。

［译文］

孟子说："梁惠王真是太不仁爱了！一个仁爱的人会把他施给所爱者的恩德推而广之，也沾溉他所不爱的人；一个缺乏仁爱的人（正好相反），把他施加给不喜爱的人的祸难推而广之，连及他所喜爱的人。"

公孙丑问道："这是什么意思？"

孟子答道："梁惠王因为掠夺土地的缘故，把他所不喜欢的百姓推向战场，使他们（暴尸野外，）血肉糜烂。惨败之后，又要再战；因担心不能取胜，又把他所喜爱的子弟驱向战场送死，这就是所谓把施加给不喜爱的人的灾难推而广之，连及他所喜爱的人。"

［原文］

14·2　孟子曰："春秋无义战。彼善于此，则有之矣。征者，上伐下也，敌国不相征也。"

［译文］

孟子说："春秋那个时代没有什么正义的战争，但某一个君主比另一个君主好一些，那还是有的。所谓征伐是上讨伐下，地位相同的国家是不能互相征讨的。"

［原文］

14·3　孟子曰："尽信《书》，则不如无《书》。吾于《武成》，取二三策①而已矣。仁人无敌于天下，以至仁伐至不仁，而何其血之流杵②也？"

［注释］

① 策：竹简。造纸术没有发明前，文字主要书写于竹木简上。
② 杵：木槌。

［译文］

孟子说："完全相信《尚书》，那还不如没有《尚书》。我对于《武成》这一篇，只不过取它两三页罢了。仁德之人无敌于天下，以周武王这样极为仁德的人去讨伐商纣王这样极为暴虐的人，怎么会出现血流成河以至把捣米的木槌漂浮起来的局面呢？"

［原文］

14·4　孟子曰："有人曰：'我善为陈①，我善为战。'大罪也。国君好仁，天下无敌焉。南面而征，北狄怨；东面而征，西夷怨。曰：'奚为后我？'武王之伐殷也，革车②三百两，虎贲③三千人。王曰：'无畏！宁尔也，非敌百姓也。'若崩厥角④稽首。征之为言正也，各欲正己也，焉用战？"

［注释］

① 陈：是"阵"的本字，意思是排列车阵。　② 革车：战车。
③ 虎贲：勇士。　④ 厥角：顿首。厥，通"蹶"。角，额角。

［译文］

孟子说："有人说：'我善于摆列阵势，我善于领兵作战。'这其实是不可饶恕的罪过。只要国君喜爱仁道，便能天下无敌。(过去商汤不得已而进行征伐,)讨伐南方时北方埋怨;讨伐东方时西方埋怨,说:'为什么把我们放在后面?'武王讨伐殷商,兵车三百辆,勇士三千人。武王(对殷商的百姓)说:'不用害怕!我是来帮助你们过上安定生活的,不是与你们为敌的。'百姓十分感激,都用额角碰地叩拜武王,声响如山陵倒塌一样。'征'的含意是'正',如果每个人都想端正自己,又哪里用得上战争呢?"

[原文]

14·5 孟子曰:"梓匠轮舆能与人规矩,不能使人巧。"

[译文]

孟子说:"木工和车工能把制作的规矩标准传授给别人,但却不能使人具有高超的技巧(,因为这要靠自己探求)。"

[原文]

14·6 孟子曰:"舜之饭糗茹草①也,若将终身焉。及其为天子也,被袗衣②,鼓琴,二女果③,若固有之。"

[注释]

① 饭糗茹草:吃干粮,嚼野菜。饭,吃。糗,干粮。茹,吃。 ② 袗衣:单衣。 ③ 果:通"婐",侍女。

[译文]

孟子说:"当大舜吃干粮、嚼野菜的时候,好像打算一辈子过这样的生活。等到他做了天子,穿着葛布单衣,弹着琴,又有尧的两个女儿侍奉,又好像所有这些早就具备了的。"

[原文]

14·7 孟子曰:"吾今而后知杀人亲之重也:杀人之父,人亦杀其父;杀人之兄,人亦杀其兄。然则非自杀之也,一间①耳。"

［注释］　① 一间:很短的距离。

［译文］　孟子说:“我从今以后知道杀害别人亲人的严重后果了:杀害别人的父亲,别人也会杀害他的父亲;杀害别人的兄长,别人也会杀害他的兄长。那么(虽然自己的父亲与兄长)不是自己亲手杀害的,但也差不多。”

［原文］　14·8　孟子曰:“古之为关也,将以御暴;今之为关也,将以为暴。”

［译文］　孟子说:“古代设立关卡,是要抵御暴虐;今天设立关卡,却打算施行暴虐。”

［原文］　14·9　孟子曰:“身不行道,不行于妻子;使人不以道,不能行于妻子。”

［译文］　孟子说:“一个人不身体力行地奉行道义,那么道义在他妻子身上都不能实行;不按照道义去使唤人,那么连妻子也使唤不了(,更谈不上使唤别人了)。”

［原文］　14·10　孟子曰:“周①于利者凶年不能杀②,周于德者邪世不能乱。”

［注释］　① 周:富足。　② 杀:缺乏,困窘。

［译文］　孟子说:“财物富足的人遇到灾年不会窘困,品德高尚的人遭逢乱世不会迷惑。”

［原文］ **14·11** 孟子曰："好名之人能让千乘之国，苟非其人，箪食豆羹见于色。"

［译文］ 孟子说："好名的人可以把千辆兵车国家的君主之位让给别人，但如果不是合适的人选，就是叫他让一筐饭、一碗汤，心里的不快也会在脸上表现出来。"

［原文］ **14·12** 孟子曰："不信仁贤，则国空虚；无礼义，则上下乱；无政事，则财用不足。"

［译文］ 孟子说："不信任仁德和贤能的人，那国家就会空虚；不讲究礼义，上下之间的关系就会混乱；没有清明的政治，国家的财务开支就会不足。"

［原文］ **14·13** 孟子曰："不仁而得国者有之矣，不仁而得天下者未之有也。"

［译文］ 孟子说："不讲仁道却能得到国家的统治权，这种情况是有的；不讲仁道却能主宰天下，这种情况从来没有。"

［原文］ **14·14** 孟子曰："民为贵，社稷次之，君为轻。是故得乎丘民①而为天子，得乎天子为诸侯，得乎诸侯为大夫。诸侯危社稷，则变置②。牺牲既成，粢盛既絜，祭祀以时，然而旱干水溢，则变置社稷。"

［注释］ ① 丘民：大众。 ② 变置：重新设置。

［译文］ 孟子说："老百姓最重要，其次便是土神谷神，君主就比较

轻微了。所以,能获得民众的欢心便做天子,获得天子的欢心便做诸侯,获得诸侯的欢心便做大夫。如果诸侯危害国家,那就要废掉另立他人。祭祀用的牲畜已经很肥壮,祭器中的谷物也很洁净,致祭也十分准时,但仍然遭受水旱之灾,那就另立土神谷神。”

[原文]

14·15　孟子曰:“圣人,百世之师也,伯夷、柳下惠是也。故闻伯夷之风者,顽夫廉,懦夫有立志;闻柳下惠之风者,薄夫敦,鄙夫宽。奋乎百世之上,百世之下闻者莫不兴起也。非圣人而能若是乎？而况于亲炙之者乎？”

[译文]

孟子说:“圣人是百代人的老师,伯夷和柳下惠就是这种人。所以听说伯夷的风操,贪婪者会变得廉洁,懦弱者会坚定志向;听说柳下惠的风操,刻薄者会变得敦厚,狭隘者会变得宽容。他们远在百世之前奋发有为,百世之后的人听说了也无不感奋。如果不是圣人能这样吗？更何况那些曾经直接受过他们熏陶的人呢？”

[原文]

14·16　孟子曰:“仁也者,人也。合而言之,道也。”

[译文]

孟子说:“‘仁’的含意就是‘人’。二者合并起来便是‘道’。”

[原文]

14·17　孟子曰:“孔子之去鲁,曰:‘迟迟吾行也,去父母国之道也。’去齐,接淅而行——去他国之道也。”

[译文] 孟子说：“孔子离开鲁国，说：‘我们慢慢地走吧，这是告别祖国应有的态度。’可是他离开齐国时，不等把米淘完，漉干就走了——这是离开他国所采取的态度。”

[原文] **14·18** 孟子曰：“君子之厄于陈、蔡之间，无上下之交也。”

[译文] 孟子说：“孔子在陈国和蔡国之间被困，是因为他和两国的君臣没有交往。”

[原文] **14·19** 貉稽曰：“稽大不理①于口。”

孟子曰：“无伤也。士憎兹多口。《诗》云：‘忧心悄悄，愠于群小。’孔子也。‘肆不殄厥愠②，亦不殒厥问③。’文王也。”

[注释] ① 理：顺。 ② 肆不殄厥愠：肆，因此。殄，灭绝。 ③ 亦不殒厥问：殒，丧失。问，声誉。

[译文] 貉稽说：“人们把我这个人说得很坏。”

孟子说：“这不要紧。士人很讨厌这种多嘴多舌的行为。《诗经》中说：‘忧虑重重乱我心，得罪小人一大群。’孔子就是这样的人。《诗经》中又说：‘既不消除别人的怨恨，也不损害自己的名声。’文王就是这样的人。”

[原文] **14·20** 孟子曰：“贤者以其昭昭，使人昭昭；今以其昏昏，使人昭昭。”

［译文］　孟子说："贤明的人（教导人），一定要先使自己完全明了，然后才使别人明了；现在的人（教导别人），自己糊涂，却要凭借这些糊涂的东西使别人明了。"

［原文］　**14·21**　孟子谓高子曰："山径①之蹊②，间介然③用之而成路，为间④不用，则茅塞之矣。今茅塞子之心矣。"

［注释］　① 径：通"陉"，山坡。　② 蹊：小路。　③ 间介然：专心一意的样子。　④ 为间：短时间。

［译文］　孟子对高子说："山坡上的小路，因为常常有人走便成了路，但只要隔几天不走，便会被茅草堵塞了。现在你的心也堵上了茅草。"

［原文］　**14·22**　高子曰："禹之声尚文王之声。"

孟子曰："何以言之？"

曰："以追①蠡②。"

曰："是奚足哉？城门之轨，两马之力与？"

［注释］　① 追：钟钮。　② 蠡：要断的样子。

［译文］　高子说："大禹的音乐比文王的音乐高超。"

孟子问道："为什么这样说呢？"

高子答道："因为大禹传下来的钟，钮都快断了。"

孟子说："这怎么能足以为证呢？城门下的车辙那样深，难道是几匹马的力量造成的吗？（这是长期碾压的缘故。大禹的钟钮快断了，也是因为长期使用的结果。）"

［原文］

14·23 齐饥。陈臻曰:“国人皆以夫子将复为发棠,殆不可复。”

孟子曰:“是为冯妇[①]也。晋人有冯妇者,善搏虎,卒为善士。则之野,有众逐虎。虎负嵎,莫之敢撄。望见冯妇,趋而迎之。冯妇攘臂下车。众皆悦之,其为士者笑之。”

［注释］

① 冯妇:人名,姓冯名妇。

［译文］

齐国正闹饥荒。陈臻说:“国内的人都认为老师会再次劝说齐王打开棠邑的粮仓(救济灾民),恐怕不能再这样做吧?”

孟子说:“(如果再这样做)就是冯妇了。冯妇是晋国人,善于打虎,后来却成了一位善人(,不再打虎)。有一次他去野外,正逢上一些人追赶老虎。老虎靠着山的一角,人们不敢惹它。看到冯妇来了,人们跑去迎接他。冯妇便挽起袖子舞着胳膊走下车。这些人都喜爱他,可是身为士人的人却嘲笑他。”

［原文］

14·24 孟子曰:“口之于味也,目之于色也,耳之于声也,鼻之于臭也,四肢之于安佚[①]也,性也。有命焉,君子不谓性也。仁之于父子也,义之于君臣也,礼之于宾主也,知之于贤者也,圣人之于天道也,命也。有性焉,君子不谓命也。”

［注释］

① 佚:通“逸”。

［译文］

孟子说:“嘴巴喜欢美味的食物,眼睛喜欢漂亮的面容,耳朵喜欢动听的音乐,鼻子喜欢芬芳的气味,四肢喜欢舒适的环境,这些嗜好都是人类的天性,但能否得到却在于命运,所以君子不把它们看做本性决定的东西(，因此不强行寻求)。仁对于父子，义对于君臣，礼对于宾主，智慧对于贤者，圣人对于天道，是否能够落实，也得听凭于命运，但同时也是本性所定，所以君子不认为它是命运的安排(，因此尽量顺应天性，以付诸实践)。”

[原文]

14·25　浩生不害问曰：“乐正子何人也？”

孟子曰：“善人也，信人也。”

“何谓善？何谓信？”

曰：“可欲之谓善，有诸己之谓信，充实之谓美，充实而有光辉之谓大，大而化之之谓圣，圣而不可知之之谓神。乐正子，二之中、四之下也。”

[译文]

浩生不害问道：“乐正子是什么样的人？”

孟子说：“是个好人，是个实在的人。”

浩生不害又问道：“什么叫好？什么叫实在？”

孟子答道：“如果觉得一个人值得喜欢，那就是好；这些优点的确体现在他身上，就是实在。身上充满了这种优点就叫做‘美’；不但充满了这种优点，而且还光辉灿烂，便叫做‘大’；既光辉灿烂又能融为一体，就叫做‘圣’；既融为一体又深不可测，便叫做‘神’。乐正子是介于好和实在之间，‘美’、‘大’、‘圣’、‘神’四者之下的人物。”

[原文]

14·26　孟子曰：“逃墨必归于杨，逃杨必归于儒。归，斯受之而已矣。今之与杨、墨辩者，如追放豚，既入①其苙②，又从而招③之。”

[注释]

① 入：通“纳”。　② 苙：蓄养牲畜的圈栏。　③ 招：羁绊。

[译文] 孟子说："逃离墨子一派的人必定归入杨朱一派，逃离杨朱一派的人必定回到儒家。既然回来，就接受他算了。当今和杨、墨两家辩论的人，就像追回走失的猪一般，虽然已把猪送回圈里，但仍要用绳子拴住它的脚（，唯恐它再逃掉）。"

[原文] **14·27** 孟子曰："有布缕之征，粟米之征，力役之征。君子用其一，缓其二。用其二而民有殍①，用其三而父子离。"

[注释] ① 殍：饿死。

[译文] 孟子说："有对布帛征收的赋税，有对谷米征收的赋税，有对人力征收的赋税。君子在这三者中只采用一种，其它两种暂时不用。如果采用两种，百姓就要有饿死的；如果三者同时采用，便会父子彼此不能相顾，骨肉离散。"

[原文] **14·28** 孟子曰："诸侯之宝三：土地、人民、政事。宝珠玉者，殃必及身。"

[译文] 孟子说："诸侯最可宝贵的有三样：土地、百姓、政治。以珍珠美玉为宝贵的，灾难一定会降临到他的身上。"

[原文] **14·29** 盆成括仕于齐，孟子曰："死矣盆成括！"

盆成括见①杀，门人问曰："夫子何以知其将见杀？"

曰："其为人也小有才，未闻君子之大道也，则足以杀其躯而已矣。"

[注释] ① 见：表被动。

［译文］

盆成括在齐国做官，孟子说："盆成括是死定了！"

后来盆成括被杀，学生问孟子："老师怎么知道盆成括要被杀？"

孟子答道："这个人为人处世有些小聪明，但他不懂得君子应奉行的大道，那就足以招致杀身之祸了。"

［原文］

14·30　孟子之滕，馆于上宫。有业屦①于牖上，馆人求之弗得。或问之曰："若是乎从者之廋也？"

曰："子以是为窃屦来与？"

曰："殆非也。夫子之设科也，往者不追，来者不拒。苟以是心至，斯受之而已矣。"

［注释］

① 业屦：尚未织完的草鞋。

［译文］

孟子到了滕国，住在上宫。有一只没织好的草鞋搁在窗子上不见了，客馆中的人四处寻遍也没找着。有人便问孟子："好像是您的随从藏起来的吧？"

孟子说："你以为他们是为了偷草鞋而来的吗？"

这人答道："大概不会。（不过，）您老人家开设课程，（对学生的态度是）离去的不追问，进来的也不拒绝。只要他们真的抱着学习的目的而来，便接受他们。（这样便不可避免地鱼龙混杂。）"

［原文］

14·31　孟子曰："人皆有所不忍，达之于其所忍，仁也；人皆有所不为，达之于其所为，义也。人能充无欲害人之心，而仁不可胜用也；人能充无穿逾之心，而义不可胜用也；人能充无受尔汝①之实，无所往而不为义也。士未可以言而言，是以言餂[②]之也；可以言而不言，是以不言餂之也。是皆穿逾之类也。”

［注释］　① 尔汝：这两个词都是古代尊长对晚辈的指称代词，若用在平辈，则表示对对方的轻视。　② 餂：引诱。

［译文］　孟子说：“每个人都有他不忍心去做的事，把这种不忍之心扩充到他所忍心做的事情上，这就是仁；每个人都有他不愿做的事，把这种不情愿的心理扩充到他所愿意做的事情上，这就是义。（换句话说，）如果人们能够扩充他不想害人的心理，那仁便用之不尽；如果人们能够扩充他不愿打洞跳墙的（盗窃）心理，那义便用之不尽了；如果人们能扩充他不愿遭受轻贱的实际言行，（以至自己的一言一行都不会被蔑视，）那无论到哪儿都会与义相合了。（什么叫打洞跳墙呢？譬如，）一个士人，不能同他交谈却同他交谈，这便是用言语诱惑他，以便自己从中牟利；可以同他交谈却不同他交谈，这是用沉默诱惑他，以便自己从中牟利。这些都是打洞跳墙之类的勾当。”

［原文］　**14·32**　孟子曰：“言近而指[①]远者，善言也；守约而施[②]博者，善道也。君子之言也，不下带[③]而道存焉；君子之守，修其身而天下平。人病舍其田而芸人之田——所求于人者重，而所以自任者轻。”

［注释］　① 指：通“旨”。　② 施：施行的恩惠。　③ 不下带：腰带之上。用来比喻常见的事理。

［译文］　孟子说：“言语浅显但道理却很深微，这就是‘善言’；所掌握的东西很简单收到的效果却很广博，这就是‘善道’。君

子所说的话，虽然讲的都是平常的事理，可是却蕴含着‘道’；君子的操守，就是以修身为起点，（进而影响他人，）使天下安定。普通人的弊病在于放弃自己的田地，却去耕耘别人的田地——对别人很苛求，自己负担的却很轻微。”

［原文］

14·33　孟子曰：“尧、舜，性者也。汤、武，反[1]之也。动容周旋中[2]礼者，盛德之至也。哭死而哀，非为生者也。经德不回[3]，非以干禄[4]也。言语必信，非以正行也。君子行法，以俟命而已矣。”

［注释］

①反：通“返”。　②中：合乎。　③回：违背。　④干禄：求取俸禄。

［译文］

孟子说：“尧、舜奉行仁道是出于本性，汤、武却是通过修身然后回归本性。动作容貌的变化都能与礼相合，这是美德达到顶点的表现。很悲伤地痛哭死者，并不是做给生者看的。按照道德行事，不违背礼法，并不是为了谋求官职。说话一定要守信，也不是为了博得行为端方的名声。君子的行为遵循法度，（至于结果怎样，）只有等待命运的安排了。”

［原文］

14·34　孟子曰：“说大人则藐之，勿视其巍巍然。堂高数仞，榱题[1]数尺，我得志弗为也。食前方丈，侍妾数百人，我得志弗为也。般乐[2]饮酒，驱骋田猎，后车千乘，我得志弗为也。在彼者皆我所不为也，在我者皆古之制也，吾何畏彼哉？”

［注释］

①榱题：屋檐。　②般乐：游乐。

［译文］

孟子说：“要游说诸侯就得藐视他们，别把他们显赫的地位放在眼里。殿堂的根基有两三丈高,屋檐有好几尺宽,如果我能得志,便不会这么做。菜肴摆满桌子,侍奉的姬妾多达数百人,如果我能得志,也不会这样做。饮酒作乐,跑马打猎,跟随的车子上千辆,如果我能得志,也不会这样做。凡是他们所做的我都不愿做,我所做的都符合古代的制度。我为什么要畏惧他们呢?"

[原文]

14·35 孟子曰:"养心莫善于寡欲。其为人也寡欲,虽有不存焉者,寡矣;其为人也多欲,虽有存焉者,寡矣。"

[译文]

孟子说:"怡养心性没有比减少物质方面的欲望更好的了。平时为人欲望不大,那他善良的本性即使有所丧失,也不会太多。平时为人欲望强烈,那他善良的本性即使有所存留,也是太少了。"

[原文]

14·36 曾皙嗜羊枣,而曾子不忍食羊枣。公孙丑问曰:"脍炙①与羊枣孰美?"

孟子曰:"脍炙哉!"

公孙丑曰:"然则曾子何为食脍炙而不食羊枣?"

曰:"脍炙所同也,羊枣所独也。讳名不讳姓,姓所同也,名所独也。"

[注释]

① 脍炙:脍,切碎的肉末。炙,烤肉。

[译文]

曾皙非常喜欢吃羊枣,而曾子却不忍心去吃。公孙丑问道:"炒肉末与羊枣相比,哪个更好吃?"

孟子说："那当然是炒肉末了！"

公孙丑接着问："那曾子为什么吃炒肉末而不吃羊枣？"

孟子答道："炒肉末是人们都喜欢吃的，而羊枣却是曾皙自己爱吃的。就像父母之名应该避讳，但姓却不必避讳，因为姓是许多人共同的，而名却是父母独有的。"

［原文］

14·37 万章问曰："孔子在陈，曰：'盍归乎来！吾党之小子狂简[①]，进取，不忘其初。'孔子在陈，何思鲁之狂士？"

孟子曰："孔子'不得中道而与之，必也狂狷[②]乎！狂者进取，狷者有所不为也'。孔子岂不欲中道哉？不可必得，故思其次也。"

"敢问何如斯可谓狂矣？"

曰："如琴张、曾皙、牧皮者，孔子之所谓狂矣。"

"何以谓之狂也？"

曰："其志嘐嘐[③]然，曰：'古之人，古之人。'夷[④]考其行，而不掩焉者也。狂者又不可得，欲得不屑不洁之士而与之，是獧也，是又其次也。孔子曰：'过我门而不入我室，我不憾焉者，其惟乡原[⑤]乎！乡原，德之贼也。'"

曰："何如斯可谓之乡原矣？"

曰："'何以是嘐嘐也？言不顾行，行不顾言，则曰古之人，古之人。行何为踽踽凉凉[⑥]？生斯世也，为斯世也，善斯可矣。'阉然媚于世也者，是乡原也。"

万子曰："一乡皆称原人焉，无所往而不为原人，孔子以为德之贼，何哉？”

曰：“非之无举也，刺之无刺也。同乎流俗，合乎污世。居之似忠信，行之似廉洁，众皆悦之，自以为是，而不可与入尧、舜之道，故曰‘德之贼’也。孔子曰：‘恶似而非者，恶莠，恐其乱苗也；恶佞，恐其乱义也；恶利口，恐其乱信也；恶郑声，恐其乱乐也；恶紫，恐其乱朱也；恶乡原，恐其乱德也。’君子反经⑦而已矣。经正则庶民兴，庶民兴，斯无邪慝矣。”

［注释］ ① 狂简：狂傲简慢。 ② 狂狷：过分叫“狂”，不足叫“狷”。 ③ 嘐嘐：志大而言夸。 ④ 夷：语助词。 ⑤ 乡原：就是《论语》中说的“乡愿”，没有原则的老好人。 ⑥ 踽踽凉凉：落寞寡合的样子。 ⑦ 反经：回归到常道。反，通“返”。

［译文］ 万章问道：“孔子在陈国的时候说：‘何不回去呢！我家乡的那些学生志向远大而为人狂放，积极进取而不忘记本初。’孔子在陈国的时候，为什么思念鲁国那些狂放之人呢？”

孟子回答说：“孔子曾经说过，‘找不到中行之士并与之交往，那只能去结识狂放之人和狷介之士了。狂放之人积极进取，狷介之士有所不为’。孔子难道不想寻求到中行之士吗？只是因为不一定寻求到，才想退而求其次。”

万章说：“请问，怎样才叫狂放之人？”

孟子说：“像琴张、曾皙、牧皮这样的人就是孔子所说的狂放者。”

万章问道：“为什么说他们是狂放者呢？”

孟子答道：“他们志向高远而口气很大，总是在说：‘古人啊，古人啊。’但考察他们的行为，却与他们所说的不大吻合。

如果连这种狂放之人也寻求不到，便想和不屑干坏事的人结交，这就是狷介之士，他们又是次一等的人了。孔子说：‘经过我的门口却不到我屋里来，但我并不觉得有什么遗憾，那只能是好好先生了！好好先生正是损害道德的人。’”

公孙丑问道：“什么样的人叫好好先生呢？”

孟子答道：“（他们往往这样批评狂放者：）‘为什么如此志大言夸呢？说话不看看自己做过的事，做事也不想想自己说过的话，只是说古人啊，古人啊。为什么这样与大家不协调呢？既然生活在这个世界上，就应该为这个世界服务，只要过得去就可以了。’八面玲珑、到处献媚的人就是好好先生。”

万章说：“全乡的人都称他为好好先生，他也无处不表现出一付好好先生的面孔，可是孔子却认为他是损害道德的人，这是为什么？”

孟子说：“这种人，你要是指摘他却找不出什么大的过错，要是责骂他却也没有什么可以责骂的。他只是同流合污，与人相处似乎忠厚老实，行为好像廉洁端方，大家都很喜欢他，他自己也认为做得很对，但实际上却与尧、舜之道相背离，所以说他是‘损害道德的人’。孔子又说他很厌恶那种外表相似而实际内容完全不同的东西：厌恶狗尾巴草，因为怕它搅乱禾苗；厌恶歪门邪道，因为怕它搅乱了道义；厌恶夸夸其谈，因为怕它搅乱了信实；厌恶郑国的音乐，因为怕它搅乱了雅乐；厌恶紫色，因为怕它搅乱了红色；厌恶好好先生，因为怕它搅乱了道德。君子要做的只是回到常道上来罢了。常道端正了，老百姓就会奋发有为，也就不会萌生邪恶了。”

［原文］

14·38　孟子曰：“由尧、舜至于汤，五百有余岁。若禹、皋陶，则见而知之；若汤，则闻而知之。由汤至于文王，五百有余岁。若伊尹、莱朱，则见而知之；若文王，则闻而知之。由文王至于孔子，五百有余岁。若太公望、散宜生，则见而知之；若孔子，则闻而知之。由孔子而来，至于今百有余岁，去圣人之世，若此其未远也，近圣人之居，若此其甚也，然而无有乎尔，则亦无有乎尔。”

［译文］

孟子说：“从尧、舜到商汤，经历了五百多年，像大禹和皋陶那样的人是亲眼目睹尧、舜之道而领会了‘道’的，像商汤则是听说尧、舜之道而懂得‘道’的。从商汤到文王，又过了五百多年，像伊尹、莱朱那样的人，是亲眼目睹商汤治理天下而了解‘道’的，像文王，则是通过传闻而懂得‘道’的。从文王到孔子也有五百多年，像太公望、散宜生那样的人是亲眼目睹文王治理天下而了解‘道’的，像孔子，则是通过传闻而懂得‘道’的。从孔子到今天只有一百多年，距圣人的时代是如此的近，离圣人的家乡也不遥远，但却没有继承道统的人，也竟然没有继承道统的人了。”

图书在版编目(CIP)数据

孟子译注／郑训佐，靳永译注. —济南：齐鲁书社，2009.4

(齐鲁文化经典文库)

ISBN 978-7-5333-2165-9

Ⅰ.孟… Ⅱ.①郑…②靳… Ⅲ.①儒家②孟子—译文③孟子—注释 Ⅳ.B222.5

中国版本图书馆 CIP 数据核字(2009)第 016956 号

齐鲁文化经典文库

孟子译注

郑训佐　靳永　译注

主管单位	山东出版集团
出版发行	齊魯書社
社　　址	济南经九路胜利大街 39 号
邮　　编	250001
网　　址	www.qlss.com.cn
电子邮箱	qlss@sdpress.com.cn
印　　刷	山东新华印刷厂
开　　本	720×1020／16
印　　张	16.75
插　　页	3
字　　数	233 千
版　　次	2009 年 4 月第 1 版
印　　次	2009 年 4 月第 1 次印刷
标准书号	ISBN 978—7—5333—2165—9
定　　价	**32.00 元**